AF383342

À l'encre de l'esprit

Collectif ésotérique

©2022. EDICO
Édition : JDH Éditions
77600 Bussy-Saint-Georges. France

Imprimé par BoD – Books on Demand, Norderstedt, Allemagne

Illustration originale couverture : Yoann Laurent-Rouault
(SAS CAUSA LUDENDI : *causaludendiproduction@outlook.com*)

Réalisation et conception couverture : Cynthia Skorupa

ISBN : 978-2-38127-292-4
Dépôt légal : octobre 2022

Yoann Laurent-Rouault – Maryssa Rachel – Franck Antunes
Denis Morin – Bianca Bastiani – Cécile Ducomte
Arnaud Dangoisse – Carlo Sibille Lumia
Stéphanie Arseneault-Poirier – Amélie Galiay
Pénélope Morin – Jean-Hughes Chevy – Lili Saxes

À l'encre de l'esprit

Collectif ésotérique

JDH Éditions
F. Files

Le caveau-club

Yoann Laurent-Rouault

Le bunker maudit était bâti sur ce qui était la dernière couronne de la ville dans les années 80. Il était planté sur le seul lopin de terre constructible d'un sol marécageux situé à la frontière ouest des terres de Brière. Il était entouré de champs en jachère permanente qui étaient inondés l'hiver et infestés de vermines l'été. Le terrain était parsemé de larges trous boueux peu profonds, agrémenté d'une nature chaotique à la végétation éparse. C'était un décor fruste et angoissant, même au printemps, je m'en souviens très bien. Et puis, il courait certains soirs, avec ce vent nauséeux et nordiste qui arrivait à ma fenêtre, une idée de mort. Mais de mort ancienne, dramatique, pourrie, moisie. Sale.

Les arbres bas et grossiers étaient disposés anarchiquement dans le paysage et les taillis d'épineux frissonnaient aux vents coupants. En hiver, des fenêtres de l'étage, j'avais l'impression de contempler un no man's land perdu entre deux tranchées. Comme sur des photographies de la Première Guerre mondiale qui montrent la campagne ravagée de l'Artois. Parfois, j'entendais des râles, des plaintes et des cris rauques. Bien sûr, il y avait ces saloperies de corbeaux qui bavassaient entre eux, mais je n'aurais pas mis ma main à couper qu'il ne s'agissait que de ça.

Il y a longtemps, c'était un marais sauvage, libre des hommes et de leurs activités, à l'exception du passage de quelques chasseurs ou de promeneurs solitaires et dépressifs. Pour témoin, ce champ mal clôturé aux barbelés éclatés, voisin immédiat du caveau qui porte le nom engageant de « champ des suicidés ».

J'ai surnommé cette maison « le caveau-club » dès mon arrivée dans les lieux. Mais pour en revenir à ce pré, j'ai appris des années plus tard que le nom de « champ des suicidés » venait des décès consécutifs de trois frères, qui, perdus d'amour pour la même demoiselle, se livrèrent à des morts violentes dans ce lieu.

Les deux premiers parce que le troisième l'avait épousée, et le dernier quand il apprit que la belle l'avait fait cocu. C'était une grande famille bourgeoise de la ville, et la fille en question, une habitante de ce marais. Une Roumaine. Sa famille avait immigré au milieu du XIXe siècle, et ils avaient été chassés du port par les marins pour cause de sorcellerie. Je veux bien le croire. Ils auraient donc gagné le marais, encore plus reculé de la ville à cette époque qu'aujourd'hui.

Dans le pré, le premier des frères, le plus jeune, s'y trancha les veines avec son couteau de chasse. Le second s'immola par le feu avec une bonbonne d'eau-de-vie. Quant au troisième, l'aîné, il se pendit haut et court, en présence de sa femme, traînée de force et attachée et fouettée à l'arbre où il se donna la mort ensuite. On ne la retrouva que deux jours plus tard, à demi morte de froid. Suite à cet événement, elle disparut à jamais de la région. Renonçant même à son veuvage.

C'était au début du siècle dernier, et depuis, et jusque récemment, les suicides se sont enchaînés dans ce pré et aux alentours. Des hommes principalement, jeunes et amoureux.

Ce qui ne s'appelait pas encore le caveau-club fut construit vers 1950, à la demande de deux sœurs. Deux veuves ayant presque tout perdu dans les terribles bombardements du 28 février 1943, où trois cents quadrimoteurs américains larguèrent pendant plus de deux heures des bombes explosives et incendiaires créant 600 foyers d'incendie. La ville avait été alors pratiquement rasée, surtout le secteur du port, là où elles habitaient lors du déluge. Elles étaient les deux seules rescapées de leur lignée. Maris, enfants en bas âge, parents, familles, tous y étaient passés. Tous avaient trouvé refuge dans la même cave, c'était le repas de communion du petit dernier des neveux, et elles, étaient partis quémander du pain à une voisine. Quand elles revinrent, il n'y avait plus de maison, seulement un immense tas de ruines en flamme.

Au sortir de cet enfer, après-guerre, les sœurs décidèrent de mettre en commun ce qu'il leur restait de fortune et vécurent dans cette maison. Elles y résidèrent le reste de leurs vies. Elles préféraient vivre éloignées du port, craignant qu'une reconstruction de leurs anciennes demeures ne subisse, un autre jour d'une autre guerre, les bombes d'un quelconque allier.

Ce n'est qu'après le décès de la dernière des sœurs que notre bonhomme trouva l'annonce concernant la vente de la propriété. C'est le patron de l'hôtel où il logeait depuis son arrivée dans le coin qui l'avait mis sur l'affaire. Les chambres louées au mois rapportant moins que celles louées à la nuit dans cette période où le chantier naval tournait à plein tube, le commerçant avait tissé son propre réseau de renseignements immobiliers pour prendre du carbure sur les deux tableaux. À chaque nouvelle transaction, il chopait au passage une commission des vendeurs de biens et libérait une chambre pour le tout-venant. Il levait ainsi le black nécessaire à ses petits besoins et se payait dans le feutré, quelques passes avec les grues couronnées de la rue de Penhoët pour la fête au pigeon. Cet hôtelier bricoleur parvint à convaincre notre lourdaud d'acheter une bicoque, plutôt que de la louer. Pour ce faire, il investit avec succès quelques litres de vin dans l'opération attrape-couillon avec l'aimable sponsoring du père Julien, un pinard trois étoiles bouteille consignée, comme on en fait plus.

Depuis un an, la baraque était vide. Sa dernière occupante avait eu le bon goût de faire durer son agonie cancéreuse à l'hôpital plutôt que chez elle. Le notaire était heureux de se débarrasser du dossier avant qu'une préemption administrative et municipale vienne le clôturer définitivement et que, comme il avait coutume de le dire à sa charmante assistante au petit QI et à la grosse poitrine, la balayette ne lui finisse dans le cul.

Plus sérieusement, cette idée de lotissement prévu dans le secteur des marais de l'enfer l'inquiétait. Il avait une antenne à la mairie. L'abonnement lui coûtait cher en numéraire, mais il était au courant de tout. La fouine du conseil municipal l'avait prévenu. Il fallait se débarrasser au plus vite de la bicoque des vielles tordues. Il garda cependant quelques centaines de mètres carrés vers lui, achetés une misère et mis au nom de jeune fille de son épouse, juste au cas où. Les promoteurs sont dépensiers quand c'est constructible, c'est bien connu.

La transaction fut rapide et le titre de propriété signé le 28 juillet 1986, soit à peine deux mois après le début des démarches. C'était aussi le jour de mon onzième anniversaire. Mais le vieux crabe n'avait pas fait le rapprochement. Par la suite, cette date anniversaire restera dans son esprit associée à la signature de l'acte de vente. J'avais compris assez vite que je soufflais les bougies du crédit immobilier avant de souffler les miennes. Mais ceci n'a qu'une importance relative, car mon anniversaire était rarement fêté. La date étant trop proche de sept mois d'un Noël où je n'avais rien non plus, à cause du précédent.

Le montant du crédit concernait la presque totalité de la somme et le remboursement s'étalait sur vingt ans. Même si le taux d'intérêt était élevé, de l'avis d'un de ses collègues de travail, le tourteau s'était vanté de la rapidité de l'opération comme de la bonne affaire, mais il n'avait pas reçu les félicitations escomptées dans son entourage immédiat. Avec le peu d'estime qu'il avait pour ses collègues, il pensait alors sans plus y réfléchir qu'ils étaient jaloux. Le soir de la signature, dans sa chambre d'hôtel, les bras croisés sous la nuque, allongé en slip sur le couvre-lit en laine qui gratte, il pensait que vingt ans ça faisait une paye, exactement le temps qu'il lui restait encore à travailler. Il se disait aussi qu'avec la prime de départ, il pourrait acheter un petit bateau avec une belle glacière pour le muscadet. Il irait à la pêche le dimanche avec son pote Bébert… Il n'en sera rien. Bébert, dit « goût de fût », décèdera prématurément au guidon de sa mobylette en essayant de passer entre deux autobus en stationnement un soir de cuite.

En attendant, le notaire ravi de se débarrasser à bon prix du taudis perdu dans les marais invita le banquier à l'apéritif. C'étaient de vieilles connaissances. Le banquier vantait les mérites du prêt à taux variable en ricanant. Le notaire expliquait

comment il comptait s'y prendre pour récupérer une grosse partie de l'argent de la vente, faute d'héritier pour ces vieilles biques
d'anciennes propriétaires. Ils se quittèrent après deux verres, en
se souhaitant la bonne soirée et en se disant à la prochaine.

Lorsqu'il emménagea, quelques jours après la conclusion de
l'acte de vente, il était nerveux. Il aurait aimé que son amante,
le poulpe, soit là. Il traînait des pneus pour se rendre dans sa
nouvelle propriété. Les rues défilaient lentement derrière le
pare-brise de sa 305. Plus il s'approchait, plus il réalisait la
charge à assumer. La maison ne s'entretiendra pas toute seule
et il ne pourra compter que sur lui-même. Il était isolé dans
cette région. Il n'avait pas d'amis ni de famille pour lui filer un
coup de patte si besoin était. Il pensait à son Poulpe qui parlait
de cet achat depuis qu'il l'avait enlevée de chez son corniaud de
mari. C'était fait. Mais il avait choisi et acheté sans lui en dire
plus que ça. Elle n'était pas en état à ce moment-là pour prendre
des décisions importantes. Il doutait un peu. Un appartement,
ou un truc moins cher aurait peut-être suffi à son malheur.

Le long boulevard de l'hôpital était avalé. La Peugeot mar-
quait le feu et repartait pour descendre lentement vers le
Moulin du Pé. Avant la petite route qui mène à l'étang du bois
Jolland, il tourna vers la courte rue des deux chats noirs. Il
arrivait. Il contemplait la maison, les deux mains sur le volant.
« L'affaire est bonne », se marmonnait-il pour couper court à
ses doutes. Comme si sa voix pouvait contraindre sa conscience à obéir et à arrêter de l'emmerder.

Et puis, il avait plus ou moins respecté les idées de sa ba-
ronne. Du terrain, des arbres, au moins 4 chambres et une
grande cuisine. La véranda était en bonus. Ça ira ! Ça lui ira. Il
sifflotait comme un gosse qui veut passer inaperçu après avoir
fait une connerie. Il gara timidement sa Peugeot le long du
portail. Il s'y reprit à deux fois. Il était ému. Il coupa le contact
et resta un petit moment sur son siège. Curieusement, il y avait
un bout de trottoir neuf devant l'entrée. La rue se terminait
pourtant en impasse gravillonnée quelques dizaines de mètres
plus bas et donnait sur le marais. Il ne comprenait pas pour-

quoi. Le notaire ne lui avait peut-être pas tout bavé sur le quartier. Ça va p't'êt bâtir dans le coin. Il aurait dû vérifier au cadastre. Ça le contrariait. Il sortit de la voiture le sourcil froncé, l'œil méfiant, la lippe grommelante et marcha d'une traite du portail à la porte d'entrée. Il se sentait observé. Il n'y avait pourtant strictement personne, mais il se sentait quand même épié. Comme si dans son dos, un blaireau mal intentionné, ou un ours, ou un loup, bref une engeance du diable, le zieutait avec force et haine. Il décida de faire face et se retourna vivement, les poings sur les hanches, prêt à en découdre. Il regarda autour de lui, mais ne vit rien. Rien de rien. Pourtant il n'était pas tranquille. Il tira un trousseau de clés de la poche de sa pelure. Il déverrouilla la porte d'entrée et la poussa doucement en risquant un pied sur le seuil. Une forte odeur de poussière et de renfermé le prit aux naseaux. Il entra franchement et passa de pièce en pièce pour ouvrir les fenêtres. Il y avait encore des meubles et des cartons un peu partout, laissés par les anciennes propriétaires. Il ne toucha à rien, ne déplaça rien et remarqua seulement la marque de deux crucifix inversés et superposés sur le manteau de la cheminée. Le soleil avait fait son œuvre sur la tapisserie. Cette trace aurait pu être produite par n'importe quoi d'autre que des crucifix, mais instinctivement, il savait que c'était ça. Il se dit que les vieilles devaient être un peu sorcières. Que de toute façon, des bonnes femmes qui vivent seules et sans mioches ni bonhomme, ce n'est jamais bon. Elles finissent toujours par tourner de la carte.

En attendant, il avait bel et bien l'étrange sentiment de gêner. De déranger. Il avait beau se dire qu'il faut du temps pour se sentir at home ! Que c'est normal ! Ça ne chassait pas la colique naissante. L'animal trouvait que quelque chose ne tournait pas rond dans la casemate. Il resta un instant planté là. Les mains dans les poches. Le visage froissé. Il remarqua le silence. Un frisson lui parcourut l'échine. Il pivota sur lui-même et siffla une longue note. Elle résonna sinistrement dans le vide. Nouveau frisson. Avec une magnitude de 5 sur l'échelle dorsale. Il décida de sortir de la bicoque sans retenter l'expérience. Il entama le déchargement de la remorque attelée à la Peugeot. Sans se presser. Il entassa ses affaires sur le perron pour éviter les allers-retours. Il était loin de Cancale, son village natal où il avait acheté sa première maison à son retour d'Afrique. C'était hier. Il se disait que le temps passe vite. Que la vie pourrait être drôle si elle n'était pas aussi con ! Il n'aurait jamais imaginé s'enterrer ici un jour. Au sens propre comme au sens figuré. Car il le sentait. Mieux, il savait que sa dernière demeure serait ici. Lucidité fulgurante.

Cette idée lui glaça le sang. Le survivant à tout avait peur de mourir de rien. Il n'avait pas peur de la mort. Mais de mourir. C'était différent. Il avait peur du moment où la vie bascule vers le néant. La peur de souffrir. La mort en tant que telle, il s'en foutait comme de son premier cale-fouette. Faudra y passer, de toute façon.

Il chassa ses idées noires en se faisant mal aux reins en soulevant son énorme caisse à outils en ferraille. Il grogna. Main sur le bas du dos, comme un vieux paysan au pied de sa Marie. Il avisa un petit banc boiteux sous un marronnier à quelques pas. Il y posa un cul. Il reprit sa respiration doucement et contempla la voûte azurée. Il baguenauda des yeux. Il n'était pas prêt à s'y remettre. Il regarda sa remorque. Il l'avait faite lui-même. À son boulot, le soir, après le départ des crassous. Il en était assez fier. Il constata aussi qu'elle était déjà presque vide. L'essentiel de ses possessions et de ses souvenirs avait sombré dans le naufrage de sa précédente union. Bec à foin, comme il surnommait son ex-femme, ne lui avait pas fait de cadeaux. Il ne lui restait rien. Si elle n'avait jamais vraiment aimé son mari, Bec à foin avait encore moins aimé sa liaison avec l'anorexique de service, le Poulpe. Il aurait préféré que ça se passe normalement, sans trop de casse. Putain d'femelles ! Il souffla un bon coup, se leva du banc et entra dans le caveau pour faire le tour du propriétaire. Le clerc de notaire était pressé le jour de la visite. Il n'avait pas eu le temps de mémoriser précisément la distribution des pièces. Il s'attarda un moment sur de vieux journaux sortis du placard mural qui abritait la boîte à fusibles et le compteur électrique. Il enclencha le disjoncteur. La distribution fonctionnait et c'était rassurant. La bâtisse lui paraissait moins morte. Il chercha inconsciemment des choses familières dans le décor misérable. Il était de plus en plus intimidé. Les pièces vides résonnaient à chaque bruit de porte ou de pas. Entre les deux, le silence était pesant, écrasant même. Il n'avait pas l'habitude du silence. C'est ce jour-là qu'il s'aperçut réellement qu'il n'aimait pas le silence. Il n'y avait pas vraiment fait attention avant.

Le Poulpe était hospitalisé pour de longues semaines dans une clinique psychiatrique après une succession de crises d'hystérie et quelques tentatives de suicide plus ou moins réussies. Mais elle lui manquait. Il l'aimait davantage quand il était loin d'elle. C'était comme ça.

Il tourna un bon moment dans la baraque, s'intéressant à la plomberie pour penser à autre chose qu'aux tentacules de la pieuvre. Ayant fait le tour des installations, il fuma un cigarillo à la fenêtre de la cuisine. Le crabe avait le cœur à marée basse. Une mouette avait chié sur sa carapace. Son visage avait une expression à la fois triste et figée. Il ressemblait au mauvais instantané d'un polaroïd. Ses traits étaient tirés, son teint gris et il était fatigué. À quarante-deux ans, il se sentait usé. Usé et vieux. Et puis, phénomène étrange, il avait des flashs un peu gores. Des cadavres qui apparaissaient, des Arabes mutilés et des troufions éventrés. Il repensait par vague à sa guerre en Algérie. Et aux mecs passés sous des roues de camions de l'époque où il était routier. À son clebs préféré écrasé par une pelleteuse, à sa voisine asphyxiée au gaz… Il ne savait pas pourquoi, mais toutes ces images lui revenaient en tête, lui qui parvenait tout le temps à les fuir d'habitude.

Alors, pour se remonter le moral, il descendit à coups de petits verres successifs une bouteille de gropette. Boutanche prélevée dans la précieuse glacière du coffre de la voiture. Il en entama une deuxième, agacé de ne pas pouvoir faire jouer la radio pour se distraire. Les piles étaient nazes. Il ratait le jeu des mille francs. Il tenait à ses petites habitudes. Et c'est grâce à ses petites habitudes qu'il tenait au quotidien. Ça l'énervait tout ça. L'alcool aidant, l'appétit lui revint. Il tapa dans ses mains et se dit : « Allez, hop ! À la bectance ! » Il enleva ses chaussures, son pantalon et sa chemise et mit en marche son réchaud à gaz.

Alors qu'il se tapait un cassoulet en boîte et qu'il noyait le tout sous un flot de père Julien estampillé quatre étoiles à la Sécurité sociale, un malaise naissant se mua peu à peu en une angoisse adulte. Ses mandibules ralentissaient d'elles-mêmes. Assis à sa table de camping, il regarda sur le mur en face de lui la trace morbide d'un grand crucifix. Encore un ! La marque blanche de la croix sur la tapisserie jaunie était évocatrice. Elle lui rappelait celle qui était sur le mur au-dessus du tableau noir de la classe de son école communale, mais pas seulement. Cette fois-ci pourtant, il était dans le bon sens. Progressivement, le crucifix, pourtant matériellement absent, apparut peu à peu sous la forme d'une masse noire. Il stoppa net sa mastication devant le phénomène. Il posa sa fourchette sur le rebord de son assiette et continua de fixer l'ombre qui maintenant sortait littéralement du mur et grandissait de plus en plus vite. Elle bougeait, vibrait et pour finir, fonça sur lui comme si elle voulait l'écraser. Il cria. Ou plutôt il tenta de réprimer son cri qui s'échappa de sa gorge en une vocalise confuse. Il s'éjecta de sa chaise et se colla le dos au mur, paniqué. L'ombre disparut dans le même intervalle de temps. Le tonnerre gronda au loin. La pièce devint sombre. Il alluma le plafonnier en tâtonnant. Il était secoué. Il réoccupa sa chaise prudemment. Il resta con. Assis. Les mains à plat sur les cuisses. Les yeux sur le mur. Il ne termina pas son cassoulet. Il transpirait abondamment. Une goutte de sueur glissa de son sourcil épais à son œil rougi. Le sel le piqua assez vivement. Il se frotta les mirettes, jura et soupira. Il était encore plus fatigué que tout à l'heure.

Il accusa l'orage de lui avoir fait le coup. Le bonheur de l'ivresse n'était plus là. Et il n'aimait pas ça. Après quelques minutes passées à contempler ses orteils, il décida d'aller prendre une douche froide. La salle de bains était à l'étage. Une coquetterie des précédentes propriétaires. Il l'aurait préférée au rez-de-chaussée, près de la porte d'entrée, c'est tout de même plus pratique ! Putains d'femelles !

Alors qu'il montait les marches grinçantes du vieil escalier, d'un pas lourd de tourteau las, une silhouette sombre apparut subitement sur le palier de l'étage. Interloqué, il grimpa encore une marche et stoppa net en réalisant qu'il n'était pas seul dans le caveau. Il distingua quelque chose en forçant le regard, mais ne parvint pas à l'identifier clairement. Ça ne bougeait pas. Il grimpa alors deux marches de plus en tendant le cou, et là il vit que cette silhouette était celle d'une femme pourvue d'un grand châle. Il n'eut pas le temps de réagir à sa découverte. Brusquement, elle fonça vers lui. Comme quelques instants plus tôt l'ombre du crucifix dans la cuisine. Surpris, il perdit l'équilibre et se ramassa de tout son long dans l'escalier. Il redescendit les marches sur le ventre pour se vautrer sur le paillasson. Il n'eut pas le temps de se relever ni de réaliser qu'elle réapparaissait devant lui. Il s'immobilisa pour de bon. Comme elle. Il avait le souffle court, son cœur se fracassait contre ses côtes à chaque coup de pompe.

L'apparition s'éloigna de lui tout doucement en flottant confusément au-dessus du sol tandis qu'il se liquéfiait en entendant distinctement ces mots prononcés d'une voix suraiguë :

— *Tu n'auras que du malheur ici, Jean-Claude !*

De la vase dans la carapace, il tenta de se relever, se rata, retomba et d'un coup se mit à gueuler, puis à hurler comme un veau, quand la silhouette se rapprocha soudainement au plus près de lui et prit les traits du visage de sa défunte mère. Il sentit un froid glacial l'envelopper. Par réflexe, il ferma les yeux et se recroquevilla comme un môme sous les couvertures. Le temps s'arrêta. Il n'y avait plus de bruit. Rien ne bougeait.

Quand il ouvrit à nouveau les paupières, la chose avait disparu. Il se releva, choqué et tremblant en marmonnant des « nom de Dieu » par bordées de cent. Il cherchait une réponse matérielle à ce délire. Il promena son regard dans la pièce et en revint à l'escalier. Il sursauta. Un corbeau mort gisait sur la première marche, ailes déployées, les pattes ramassées, comme figé en plein vol. Dépassé, le cerveau sur pause, il s'approcha doucement du cadavre de l'oiseau, hypnotisé par cette vision de cauchemar. Il n'osa pas le toucher. Il regarda l'oiseau mort avec autant de curiosité que s'il s'agissait du corps d'un homme. Du sang noir se mit à couler doucement du bec et des globes oculaires exorbités du cadavre du volatile. C'est à ce moment précis qu'il prit un violent coup dans le dos qui le projeta sur les marches, la douleur fut telle qu'il s'évanouit, mais avant de sombrer, il eut le temps de voir sa propre mort, trente ans plus tard, jour pour jour, une mort affreuse, lente et pleine de regrets et de remords.

Il ne revint que trois jours plus tard, pour fermer la porte d'entrée et le portail à clé. Il avait fait le tri dans son esprit et il avait décidé qu'il ne s'était rien passé. Point final. Malgré cette marque persistante, cette croix bleuie comme tatouée dans son dos. Mais il s'était quand même fait accompagner d'un collègue à qui il avait promis une tournée ou deux de bière au comptoir. Au cas où. Il ne traîna pas et ne fit visiter que le rez-de-chaussée et le jardin à son alcoolique acolyte. Il n'y vit rien de suspect. Mais, prudent, il n'y entrera de nouveau qu'en présence du Poulpe, comptant secrètement sur les gris-gris religieux qui encombraient ses valises, pour éloigner le démon.

En attendant, le patron de l'hôtel lui loua de nouveau une chambre, mais cette fois-ci, à la journée et plein tarif. Sans comprendre.

Le tourteau ne parlera de cette histoire de fantôme à personne avant qu'un de ses frères ne lui rende visite au caveau-club deux ans plus tard. Il n'était pas homme à confier ses peurs, mais le vin aidant… Il ne passera rien sous silence. Son frère rangea le récit dans la case pinard. Jusqu'à un certain soir de Noël l'année suivante où il sera témoin de l'explosion des vitres de la fenêtre de la cuisine du caveau, sans que rien ni personne ne s'en approche et alors que les volets étaient tirés. Pour ma part, j'étais planqué dans l'escalier quand il raconta à mon oncle cet emménagement. Et, j'avais remarqué, vu qu'il se baladait toujours en slip, cette marque dans son dos. Comme la cicatrice d'une vieille brûlure. Avec le temps, c'était devenu une vieille blessure de l'Algérie.

Quelque temps plus tard, le Poulpe dira au curé que le sang d'une poule qu'elle venait d'égorger dans la véranda, au lieu de tomber de la table vers le sol, s'écoulait vers le haut. C'est-à-dire en l'air. Elle demandera l'aide de l'église, écrira à l'évêché une flopée de fois. Son secrétariat finira par lui répondre quelques mois plus tard en lui donnant les coordonnées d'un prêtre spécialisé dans le traitement de ce genre de phénomènes. Prêtre qui sera appelé à diagnostiquer le caveau-club pour pouvoir ou non établir si le malin est locataire. Il ne produira pas d'ordonnance et se contentera d'une bénédiction à la con avec un rameau et de l'eau de source estampillée catho. Mais il était pressé de partir. Je le sais, car j'étais là à tous ces épisodes. D'autres manifestations étranges se produiront. Elles passeront sous silence. J'ai souvent pensé que nous n'étions pas seuls dans cette maison. Et un soir, malheureusement pour d'autres des habitants, j'en eus la preuve formelle. Mais, c'est encore une autre histoire. Sachez simplement que j'ai payé récemment pour que cette maison soit rasée. Définitivement.

Yoann Laurent-Rouault

Extrait du journal de Léa M.

Couverture noire cartonnée avec cadenas

Maryssa Rachel

Un de nos potes Cyril a eu un accident de mobylette. Ses parents ont dit qu'il était entre la vie et la mort.

Je suis très fatiguée…

Alex est rentrée chez elle.

Je vais me recoucher, mais je sais que je ne dormirai pas.

Vendredi 19 avril 1991

Ma mère passe l'aspirateur à neuf heures du mat', c'est abusé.

Ma sœur, assise sur son lit, joue à la Gameboy – Mario Débile. Gling gling, sonne le jeu à chaque fois qu'elle gagne des pièces. Ma sœur a besoin de tout commenter en chuchotant, bordel, je ne la supporte plus. Je ne supporte plus cette baraque. Je ne supporte pas grand-chose, en fait. Ma vie a basculé en 1986, mais pour dire vrai, je ne me souviens pas de ce qu'il s'est passé.

Neuf heures du mat', j'aimerais dormir encore un peu.

En rentrant avec Alex, à moitié quécla, on a essayé de faire le moins de bruit possible, puis on s'est effondrées sur mon lit. J'ai pris ma radio double cassettes et on a écouté, presque en « off », le dernier album de la ManoNegra : *King of Bongo*. Franchement, je préfère *Patchanga*. J'ai copié la cassette d'Alex car j'ai pas assez de flouze pour m'acheter les originaux.

On a étouffé nos fous rires, on a discuté en chuchotant un max, pour éviter de réveiller la frangine et la daronne. Et elles, pourtant, ne se gênent pas pour nous faire chier de bon matin. AUCUN RESPECT !

Alex, c'est ma meilleure amie depuis plus de cinq ans. Mais franchement, hier, elle a grave abusé. Je ne lui en ai pas parlé en rentrant, Alex a un caractère de merde et je sais qu'elle aurait été capable de se casser seule et de faire du stop. Elle n'a peur de rien, Alex, c'est pour ça que j'ai rien dit.

J'ai rien dit pour ne pas que ma mère ait des problèmes – *« disparition étrange d'une jeune adolescente de 15 ans, elle a été retrouvée décédée dans le parking des anges… ».*

— Putain, tu peux pas jouer ailleurs ? gueule Alex à ma sœur.

Ma sœur lui répond :

— Maman a dit que c'était ma chambre à moi aussi.

Alex me demande :

— Tu dors ?

Je ne réponds pas. Elle se rendort. Elle est à côté de moi, le lit n'est pas bien grand, mais on rentre à deux.

Hier, Alex a foutu le bordel dans la bande. D'ordinaire elle observe le monde, elle ne dit pas grand-chose, mais n'en pense pas moins. C'est lorsque nous sommes seules toutes les deux qu'elle « autopsie » les gens. Elle a oublié d'être bête ma copine. Mais hier soir je ne sais pas ce qui lui a pris. Elle était complètement déchaînée, j'avais envie de la pendre par les veuches pour l'arrêter. Elle est sortie avec Stéphane, ça encore c'est un détail et c'est pas ça qui a foutu le bordel, elle fait ce qu'elle veut. Mais avant de sortir avec lui, elle a bu, trop bu, et elle a fumé aussi, trop fumé. Elle s'est mise à danser en relevant sa jupe et moi je la regardais faire, sans pouvoir dire quoi que ce soit. J'avais envie d'intervenir, de lui dire qu'elle allait trop loin, mais rien. Je suis restée conne et immobile, incapable de bouger.

C'est mon mec qui lui a gueulé dessus. Il lui a gueulé dessus quand elle s'est fait peloter par Steph dans la 104 de Jérôme. Mon mec a sorti Steph et Alex, il gueulait fort, il a même foutu son poing dans la gueule de son pote, un truc de dingue… Chanmé, le mec. Les autres gars de la bande n'ont rien cramé eux non plus, du coup ils sont restés tout aussi silencieux et immobiles que moi.

Franchement, je sais pas comment elle a fait, Alex, pour :

1 – Sortir avec Stéphane,

2 - Baiser dans la 104 puante de Jéjé.

Moi, franchement, je pourrais pas. Steph il est gentil mais complètement guedin, il fait croire à tout le monde que c'est le fils de Satan. Ou plutôt, il en est persuadé. Il est complètement chelou le gars et c'est pour ça qu'Alex l'aime bien. Mais bon, à mon avis et connaissant Alex, ils vont vite casser.

Mon mec a tapé sa crise en disant que « c'est vraiment un comportement de salope ». Alors j'ai soutenu Alex, en défendant qu'elle n'était pas plus salope que son pote. Du coup on a failli rompre, une fois de plus, avec mon mec. Il est lourd parfois.

Les gars en 91 sont toujours aussi arriérés. Il faudrait que quelqu'un de sensé leur explique que l'époque des nanas qui restent à la maison en se comportant comme des saintes est terminée. Ouais, aujourd'hui, les meufs, ce sont des guerrières et elles sont libres.

En fait, je crois que c'est ça qui fait flipper les gars : la liberté des femmes.

Moi je ne couche avec personne d'autre que mon gars, car j'aime mon mec, et que même si on s'engueule, je le trouve grave sexy. Mais si un jour je devais coucher avec d'autres gars, ou même des filles, je le ferais si j'en ai envie, et ça ne ferait pas de moi une salope. On est en 1991, pas en 1810…

Alex a changé, je sais que moi aussi j'ai changé. Ma reum dit que c'est à cause de l'adolescence, ouais… mais ma mère elle ne sait pas tout, et heureusement.

Moi, ça n'se voit pas trop que j'ai changé, car contrairement à Alex, je parviens à dissimuler mon changement. Je m'adapte aux gens en fait, je suis comme un caméléon.

Mais Alex, elle, c'est un papillon, c'est pas un caméléon.

Elle papillonne, Alex… Tout a changé chez elle : sa façon de parler, sa façon de se comporter, sa façon de s'habiller, tout… Avant, elle ne se maquillait jamais, elle disait que son visage était trop fragile, qu'elle faisait de l'eczéma et tout et tout… Maintenant elle se tartine le visage, pire que moi… fond de teint, poudre, blush, ombre à paupières, liner, crayon marron autour des lèvres, rouge à lèvres bordeaux… Et tout ça, elle le vole aux Dames de France, bien évidemment.

Avant, elle s'habillait comme une bourge : pantalon à pinces, pull et mocassins vernis. Fringues super ringardes, mais ça lui allait très bien. Non pas qu'elle soit ringarde, juste que ça lui allait bien, c'est tout. Maintenant elle porte des jupes trop courtes avec des collants résilles et des décolletés. Parfois je trouve que c'est too much, mais ça ne me regarde pas, après tout c'est sa vie. Elle s'habille comme ça uniquement quand elle vient à la maiz', chez ses yeuves elle ne peut pas, c'est ce qu'elle me dit.

Moi, je me maquille depuis la 6ᵉ et je porte toujours des jeans larges et de grosses baskets. J'ai un super look… Comme quoi, même sans thune, on peut être stylée.

Alex et moi, on a changé non pas à cause de l'adolescence, non, non ça n'a rien à voir avec les hormones. On a changé depuis qu'on *les* appelle. Ce sont eux qui nous font changer, ou plutôt qui nous font « évoluer ». Ils nous guident, nous disent quoi faire, comment nous comporter, comment réfléchir, etc. Parfois c'est bien, parfois… ça craint.

Grâce à eux j'ai de meilleures notes en cours et je te jure que c'était pas gagné. C'est vrai, j'ai une mémoire de merde et je ne retiens rien. Maintenant, quand j'ai une interro, ils me soufflent les réponses à l'oreille. Ça m'évite d'aller chez les nonnes, John. Parce que ma mère, elle me menace de m'envoyer en pension à chaque fois que ma moyenne descend en dessous de 10 ½…

Il y a quelques jours, j'ai trouvé, devant chez le vieux Maurice, une planche de contreplaqué, du coup j'ai pu m'en servir pour fabriquer LE moyen de communication.

Je viens de retrouver sur une feuille volante ma toute première expérience, je vais la coller à la page suivante…

Vendredi 2 novembre 1990

Trop zarb…

Avec Alex on a rejoint la bande au petit square. Y avait quasi tout le monde. Y avait même deux filles que j'aime pas, mais elles sont vite parties car personne ne peut les blairer. Jéjé avait ouvert la portière de sa 104 et son poste crachait la zique d'Elmer Food Beat, de Depeche Mode, d'NTM, mais le son était grave pourri et super saturé. Même mon poste a un meilleur son.

Bref. Vers 17 h 30, Stéphane a lancé l'idée du cimetière. Quand je dis qu'il est grave chelou ce mec, c'est pas des conneries. Mon mec lui a dit :

— Mais qu'est-ce tu veux qu'on foute dans un cimetière, mec ? T'as pris tes cachets pour la tête ?

Et on a tous rigolé. Mais Steph, lui, il rigolait pas. Il s'est roulé un dobé et il a jeté un regard noir à mon mec. Il a dit :

— Il faut que je vous montre quelque chose de bizarre…

La nuit commençait à tomber. C'est Alex, en prenant le bras de mon mec, qui a dit :

— Mais ouais, ça nous changera un peu, on peut y aller, ça va être cool.

Cool, cool, j'sais pas trop si traîner dans un cimetière c'est cool… surtout en ce moment. Surtout après la profanation du cimetière de Carpentras il y a quelques mois. Truc de dingue, les gens sont tarés.

Mais au fond, je crois qu'on était tous super excités, car on faisait un truc qu'on savait pas net. On avait bu de la bière, mais on n'était pas complètement bourrés. On s'est entassés dans la caisse de Jéjé, direction cimetière… trop zarb comme destination, en espérant que ça ne nous porte pas la poisse.

En arrivant sur le parking, Stéphane a sorti tant bien que mal le pack de bières restantes. On a marché le long des allées et Steph a dit :

— C'est par là.

Alors Raph lui a dit en riant :

— Tu nous fais visiter ta prochaine baraque, mec ?

On a tous éclaté de rire. Steph a levé la tête et a chuchoté :

— Presque…

Son « presque » m'a foutu des frissons…

On est arrivés devant la tombe d'un certain Jean-Yves Touclavier 1784-1800. La tombe était hyper glauque. Il y avait la photo en noir et blanc de Jean-Yves dans un médaillon, et le médaillon était collé en haut au centre de la pierre tombale. Je ne parvenais pas à détacher mon regard du portrait de ce garçon mort, il n'avait que quelques années de plus qu'Alex et moi.

On s'est installés sur la tombe du mec, comme si on s'installait chez un pote. C'était vraiment trop bizarre, mais je trouvais la tombe de moins en moins glauque et de plus en plus « rassurante ».

Stéphane nous a dit que Jean-Yves lui parlait la nuit, il lui avait dit de venir le voir avec ses potes, que dans le cimetière y avait que des viocs et qu'il se faisait chier.

Moi j'y crois pas trop à tout ça, même si j'y crois un peu quand même.

Steph s'est allongé sur la tombe et a fermé les yeux. Il a dit :

— On est là mon pote, on est là…

Il parlait avec une drôle de voix toute douce que je ne lui connaissais pas. J'ai failli prendre un fou rire et Alex aussi. Mais on s'est retenues. On trouvait qu'il en faisait un peu trop.

Puis, le gardien est arrivé, Stéphane s'est relevé et a dit :

— Courrez les gars, courrez, ce gardien est un putain d'enculé de sa mère.

On est partis en courant en laissant nos bouteilles derrière, brave merdier. Jean-Yves aura de quoi boire pendant quelques heures, si le gardien ne lui confisque pas tout.

Dans la voiture, j'étais coincée contre la portière et Steph en a profité pour me tripoter, alors je l'ai envoyé chier, il a soupiré. Mon mec, qui était devant, s'est retourné, il a gueulé :

— Oh ça va pas recommencer !

Alors Steph s'est calmé.

On est allés chez Steph damer des pizzas surgelées Findus *« Goutez, croquez, craquez, mordez, c'est si fin… heureusement il y a Findus, Findus »*… Les pizz' n'étaient pas bien bonnes car Steph les avait oubliées dans le four, alors elles étaient cramées. Mais on avait tellement la dalle qu'on les a toutes bouffées.

Puis on s'est installés en rond autour de la table de la salle à manger. Elle était grande, comme toutes les pièces de cette baraque. Les parents de Steph sont des « riches ».

Sur la table, il y avait une planche sur laquelle étaient gravés les lettres de l'alphabet ; des chiffres de 0 à 9 ; les mots « Oui »,

« Non » et « Au revoir », chacun placés dans un angle de la planche. Je crois qu'il y avait un dessin aussi, mais je ne me souviens plus très bien, car j'ai une mémoire de merde.

Stéphane nous a dit que ça s'appelait une « planche Ouija ».

Il a dit qu'il fallait se tenir la main, alors on s'est tenu la main. On est tous restés silencieux et disciplinés. Stéphane a inspiré, et expiré, puis il a dit :

— Voilà, ils sont là.

Mon mec a soupiré et je l'ai vu lever les yeux au ciel. Mon mec, il n'aime pas tous ces trucs-là.

Steph nous a dit qu'il fallait qu'on mette nos doigts sur la goutte (c'est un objet triangulaire avec une loupe au bout), puis il a dit :

— Bienvenue à vous. Si vous le voulez bien, manifestez-vous.

Parfois, je pense que Steph regarde trop de films d'horreur, dans pas longtemps il va se lever et il va dire « je reviens tout de suite » et en fait il sera mort… dans la cave….

La pièce était toujours super silencieuse. Les flammes des bougies vacillaient un peu à cause des courants d'air. Rien de bien « transcendant ».

J'évitais de looker Alex, sinon je sais que nous aurions pris un fou rire nerveux, comme à l'enterrement de la vieille Martine.

Mon mec a rompu le cercle, il s'est levé et il s'est mis en retrait car il dit que c'est mal de déranger les morts. Alors moi je lui ai dit qu'il n'y avait pas de mal à déranger les morts, puisqu'ils sont morts. Et là, j'ai cru que j'allais m'étouffer tellement que j'avais envie de rire. Parfois, je me trouve super drôle. Mais Steph a dit qu'il fallait se taire, il a de nouveau appelé les esprits.

Il y a eu un silence de mort, un silence dérangeant…

Mon mec a soupiré de nouveau derrière nous. Il a dit :

— Je préfère aller dans la cuisine…

Si ça se trouve il va se faire tuer par un Jenesaisquoi. Non, en fait c'est pas possible que ça arrive, car il n'a pas dit : « je reviens de suite »…

Steph, toujours dans son délire, a dit :

— Si vous êtes là, faites-nous signe…

À nouveau ce silence… puis, d'un coup, la lumière s'est mise à clignoter. Mon mec n'était pas là pour le voir. Je ne sais pas ce qu'il faisait dans la cuisine, mais je m'en foutais, en fait. La lumière continuait de clignoter… j'ai eu soif, très soif, mais je n'ai pas osé prendre le verre posé sur la table basse près du canapé. Steph a inspiré longuement, puis il a demandé :

— Qui êtes-vous ?

On a attendu dans le silence, avant que le morceau de bois avec la loupe se mette à bouger.

« L »… « O »… « U »… « I »… « S »

LOUIS. Moi, je ne connaissais pas de Louis. Alex non plus. Personne autour de la table ne connaissait de Louis.

Alors Steph a dit :

— Quelqu'un ici te connaît-il ?

Et l'esprit Louis a guidé le morceau de bois avec la loupe sur le « Oui ». Jéjé a gueulé :

— Putain mais c'est QUI CE LOUIS ?…

Et là, mon mec a raboulé dans la salle à manger. Il était toujours vivant, j'étais rassurée.

Il a demandé :

— Louis ?

On s'est tous tournés vers lui, on l'a regardé, on lui a dit « TU CONNAIS UN LOUIS ? », quasi tous en même temps. Mon mec a dit :

— Putain. Les gars vous êtes grave flippants, on a tous un Louis dans notre famille, détendez-vous.

Moi j'ai dit :

— Non, moi je n'ai pas de Louis dans ma famille.

Raph, Jéjé et Steph ont secoué la tête à leur tour, eux non plus n'avaient pas de Louis dans leur famille.

Mon mec a dit que c'était le hasard, que c'était vraiment n'importe quoi. Alors Steph lui a demandé s'il connaissait un Louis, il a répondu que Louis c'était son grand-père, mort il y a cinq ans, et que c'était vraiment débile de jouer avec les morts.

J'ai eu plein de frissons sur mes bras. J'avais la tête qui tournait, ça devenait de plus en plus étrange, et excitant à la fois.

Steph a demandé à Louis :

— Pourquoi es-tu là ?

Et l'esprit a épelé : « M » « O » « R » « T »

MORT… Là, j'ai commencé à me sentir vraiment mal. Alex, elle, est partie d'un coup en claquant la porte, suivie de Raph. J'ai dit à Steph qu'il fallait arrêter de jouer. Et là, d'un coup, le verre posé sur la petite table basse a explosé. Je dis bien EXPLOSÉ, il ne s'est pas fendu, non, IL A EXPLOSÉ. Tous mes potes ont grave balisé, moi aussi, mais franchement ça m'excitait beaucoup de parler avec les morts, certainement parce que je n'ai jamais eu peur de mourir.

Alors mon mec a dit qu'on devrait rentrer.

On est rentrés. Je pense qu'Alex a dû aller chez Raph.

Sur le trajet, mon mec restait hyper silencieux. Je n'osais pas lui demander plus de renseignements sur Louis. Puis il m'a dit qu'il fallait arrêter de jouer avec ça.

Pfff… c'est bon, c'est pas mon père ! Je fais ce que je veux.

J'ai dormi chez mon mec. On a fait l'amour et après je n'ai pas réussi à m'endormir, je repensais à la séance avec Louis.

Samedi 20 avril 1991

00 h 02 :

On a passé la soirée chez Raph à regarder des films. Alex sort avec Raph maintenant.

Quand on a contacté les esprits ce matin, ils ont dit que la lumière d'Alex s'éteindrait lorsqu'elle aurait 25 ans. Alex a toujours dit qu'elle mourrait tôt mais je sais pas si les esprits ont vraiment parlé de sa mort. Je l'ai rassurée en lui disant que parfois, les esprits disaient n'importe quoi. Mais Alex m'a répondu :

— Qu'est-ce que t'en sais toi ?

Elle n'a pas tort.

Lundi 6 mai 1991

19 h 30 :

Entre 12 h et 14 h, on fait toujours une séance de Ouija avec Alex. On a failli louper les cours. On marche comme des zombies, appeler les esprits pompe toute notre énergie. Mais du coup, je sais à l'avance les sujets du prochain contrôle. Ça a déjà fonctionné. Mon mec m'a encore fait une crise. Je ne me souviens plus pour quoi, ça prouve qu'une fois encore c'était vraiment n'importe quoi. Alex passe beaucoup de temps avec moi. Ma mère et ma sœur, comme elles n'aiment pas Alex, l'ignorent. C'est vraiment pas sympa pour elle, mais elle, elle s'en fout. Du coup, j'ai décidé d'ignorer ma mère et ma sœur à mon tour, et je pense que ça les emmerde plus que moi.

Je mange beaucoup moins, je dors moins aussi, et j'ai perdu cinq kilos. C'est cool, car je commençais à avoir un gros cul. Les esprits entre 12 h et 14 h m'ont dit que je devais m'installer avec mon mec. Mais je me trouve trop jeune, j'attendrai mes seize ans.

Lorsque j'étais en train d'écouter de la musique, mon Rubik's Cube est tombé de mon étagère. Il n'y avait aucune raison pour qu'il tombe, puisque ça fait des mois, voire des années, qu'il prend la poussière. C'est trop zarb.

3 h 03 :

J'ai besoin de l'écrire pour le sortir de ma tête.

Il s'est passé un truc vraiment chelou, juste à l'instant. Je tiens mon stylo en tremblant.

Je ne sais pas si je l'ai rêvé ou si c'était réel. Je préfère me dire que je rêvais. J'étais allongée dans mon lit, incapable de bouger, incapable de parler. Je voulais hurler mais aucun son ne sortait de ma bouche. Il y avait comme un vrombissement dans mes oreilles, un bruit sourd, et je me suis VUE, je me suis vue allongée dans le lit. J'ai eu peur. J'ai eu peur car je flottais dans la pièce. Je voyais ma sœur endormie et *je* me suis approchée d'elle en flottant, j'avais vraiment cette sensation étrange et flippante de légèreté. Ouais, à ce moment-là j'avais l'impression de n'être ni vivante, ni morte… ni morte-vivante, j'étais mivante-vivorte.

Je voulais secouer ma sœur pour qu'elle se réveille, mais impossible de la toucher, puisque mon corps physique était immobile à quelques mètres d'elle et moi… Ma sœur ne m'entendait pas non plus, pourtant ma bouche s'ouvrait grand, mais aucun son ne sortait, c'était vraiment hyper flippant et dérangeant. Mais c'est pas tout.

Je suis retournée près de mon corps et Jim Morisson (il est en poster sur mon mur droit à côté de mon lit) est sorti de l'image, je jure c'est vrai.

Il me tendait la main. Je ne voulais pas le suivre. Pourtant c'est Jim, et j'suis grave amoureuse de lui, mais là, je sais pas, j'avais hyper peur. Jim me répétait : « Il faut venir avec moi, viens de l'autre côté », et pour me sortir de cet état, de ce cauchemar, j'ai fait un truc de ouf dingo que je ne faisais plus depuis des années : je me suis mise à prier. J'ai récité le Notre Père et je suis sortie de mon cauchemar.

J'ai encore les mains tremblantes et moites. Je voulais l'écrire avant d'oublier. Car j'oublie beaucoup de choses.

Je sens que je ne vais pas réussir à m'endormir, j'ai trop peur que ça recommence. Je jure que c'est flippant, pire que la mort. Je vais écouter de la zique, histoire de me changer les idées, mais même ça, je ne sais pas si ça va fonctionner. J'aimerais me détendre en fumant un bon joint ou en buvant une tequila frappée… mais y a rien ici. Je voudrais pouvoir me lever, aller dans la salle à manger et allumer la télé, mais si ma daronne me pécho, je vais me faire tuer. Vivement que j'aie mon appart à moi, au moins je pourrai faire ce que je veux.

Mercredi 22 mai 1991

Je suis malade. Hier les esprits m'ont dit que je deviendrai riche et célèbre quand j'aurai 50 ans. Je pense que les esprits, parfois, ils disent n'importe quoi. Car rien ne me prédestine à devenir riche et célèbre. Moi, je sais que je serai comme ma mère, peut-être que je ne travaillerai pas dans une mairie, mais en tout cas, je finirai dans un bureau, et ça, ça m'angoisse. Pas d'avenir radieux pour les pauvres…

Mais j'aimerais être riche et célèbre, je ne veux pas vivre comme ma mère. J'en ai parlé à Alex et elle a levé les yeux au ciel. Elle m'a dit que c'était vraiment n'importe quoi de ne pas croire les esprits, et que, quand on veut quelque chose, on se sort les doigts du cul et on se donne les moyens de l'obtenir. Parfois ma pote, je la trouve super philosophe.

16 h 30 :

Le docteur vient de sortir de ma chambre. Il a dit à ma mère qu'il fallait que j'arrête avec le Ouija. Il a dit qu'il ne croyait pas à tout ça. Il a aussi dit : « Il faut jeter la planche et il faut qu'elle arrête avec ces bêtises, certains deviennent fous avec ces trucs-là. » Ma mère a pris la planche et elle a hurlé. Elle a dit : « Elle est brûlante, c'est le démon »… parce que ma mère, elle croit grave à ces trucs-là. Sauf qu'elle, ça la fait péfli, parce qu'elle croit que les vivants n'ont pas le droit de contacter les morts. C'est sa religion qui dit ça. Pfff… moi, je sais que c'est n'importe quoi. Si on n'avait pas le droit de contacter les morts, on ne pourrait pas le faire, tout simplement. C'est un peu le même principe que l'arbre de la connaissance, si Dieu ne voulait vraiment pas que les humains s'améliorent, il n'aurait pas planté ce putain d'arbre au milieu du jardin d'Éden… L O G I Q U E …

Bref, le doc, genre superhéros, a pris la planche et a dit que c'était dans la tête de ma mère si la planche était brûlante. Il a dit : « Vous commencez à perdre la boule, vous aussi… Détendez-vous », puis il est parti avec la planche. Je m'en fous, j'en ferai une autre.

Le docteur nous a prescrit, à ma mère et moi, des anxio-machinchoses, des médocs pour les tarés, quoi. Ma mère est un peu perturbée comme meuf, tu vois.

Bref, moi je les connais ces médocs-pansements, Steph m'a dit qu'il ne fallait surtout pas en prendre. Alex aussi m'a dit que c'était de la merde, juste des médocs qui tuent les rêves et les voix. Des cachets dangereux pour la santé. Ma mère prendra ses médocs, les miens finiront au fond des toilettes entartrées.

Vendredi 24 mai 1991

Ma mère ne veut plus que je parle à Alex, elle me dit que c'est une mauvaise fréquentation. Je ne sais pas si c'est elle ou moi, la mauvaise fréquentation. Ce que je sais, c'est que je n'ai pas envie de me passer d'Alex, car Alex et moi, on est unies à tout jamais.

J'ai fabriqué une autre planche Ouija, je l'ai décorée. Elle est mieux que l'autre.

Ce soir, on va passer la soirée dans la baraque de la mémé de Jérôme. Sa grand-mère est morte il y a deux ans. Jéjé avait beaucoup pleuré car il adorait sa grand-mère. Il a dit à Steph que, comme on avait réussi à parler à Louis, le grand-père de mon mec, peut-être qu'on pourrait aussi parler à Lily, sa mémé. Steph lui a dit qu'on essaierait.

Jéjé a dit que c'était important, qu'il fallait qu'il lui demande un truc. L'autre il a cru que Steph avait une ligne directe avec l'au-delà, 3615, code Olympe…

Samedi 25 mai 1991

Je vais raconter ce qu'il s'est passé hier. Mais avant, ma mère m'a dit que le docteur avait eu un accident *vasiculaire*, un truc comme ça. Elle a dit que c'était pas très grave, mais qu'en attendant il fallait que je voie le remplaçant. Moi je me sens bien, je ne vois pas pourquoi je devrais voir un docteur.

Hier soir :

Alex n'a pas voulu rester car mon mec l'a engueulée, je ne sais plus pour quoi. Je n'ai pas pris sa défense, du coup elle n'a pas arrêté de gueuler dans ma tête. J'ai bu un peu plus d'alcool pour ne plus l'entendre.

J'ai sorti ma planche Ouija. Mon mec n'aime vraiment pas ça. Il dit que c'est haram, que seul le Sheitan vient quand on joue avec ça, que ça va nous retomber dessus.

Avec les cipotes on lui a dit qu'il n'avait qu'à partir, mais il a voulu rester.

C'est donc dans la salle à manger de Lily, la mémé de Jéjé, qu'on a de nouveau appelé les esprits. Mais avant, Steph a dit que Jéjé devait sortir du cercle pour ne pas parasiter les réponses de l'esprit.

On savait que la grand-mère de Jéjé s'appelait Lily. Mais on ne savait rien d'autre.

Steph a demandé à l'esprit quelle était la date de naissance de Lily… et le verre s'est dirigé vers les chiffres suivant : 06/06/1930. On s'est tournés vers Jéjé. Il était scotché, il a dit :

— Qui connaissait la date de naissance de ma grand-mère ?

On lui a répondu qu'on ne la connaissait pas.

J'ai eu plein de frissons sur les bras et dans le dos, encore une fois. Mais je n'avais pas froid, j'étais seulement excitée. Jéjé, lui, avait les larmes aux yeux. Il a roulé un joint, s'est assis et a attendu.

Au début, je pensais que Jéjé disait des bobards quand il a confirmé la date de naissance de Lily. Mais il était vraiment blanc comme un mort.

Après, il s'est passé LE TRUC le plus bizarre de la soirée…

Je me souviens juste que je me suis réveillée allongée sur le canapé de Lily.

Je me souviens juste que les potes étaient autour de moi.

Je me souviens juste que j'ai vu pour la première fois mon mec pleurer. Je te jure.

Ils m'ont raconté que je m'étais mise à parler avec une voix trop *space*, une voix de vieille qui fait peur.

Ils m'ont dit que les lumières s'étaient mises à clignoter, comme chez Stéphane, et qu'il y a eu une grosse panne d'électricité. Jéjé était allé au compteur électrique, tout était en ordre, mais l'électricité ne revenait pas. Alors ils avaient allumé des bougies.

D'un coup, mon mec a hurlé :

— COMMENT SAIS-TU ÇA ?

Sa voix tremblait. Je lui ai demandé :

— Comment je sais quoi ?

Et il a répondu :

— Te fous pas de notre gueule, comment sais-tu ça ?

C'était vraiment flippant, car je ne me souvenais pas de ce que je devais savoir…

Jéjé s'est approché de moi, il a posé sa main sur mon épaule, c'était rassurant. Il m'a dit :

— Tu nous as dit où était cachée la valise de bijoux de ma grand-mère.

Bordel, j'ai cru que j'allais décéder de mort subite. Comment je savais ça ???

Puis ça se trouve c'était même pas vrai. Si ça se trouve ils avaient mal compris, un truc dans le genre.

Je leur ai demandé pourquoi ils ne sont pas allés vérifier. Alors mes potes m'ont dit qu'ils préféraient attendre que je me réveille pour ne pas me laisser seule. Ils n'ont pas voulu appeler le docteur car on a pris de l'alcool et des drogues. Sympa les copains, j'aurais pu mourir 1 000 fois, moi. D'ailleurs peut-être que je suis morte. Peut-être que… « je reviendrai »…

Jéjé avait une lampe frontale. On a entendu des bruits de pas qui venaient du grenier, trop, trop chelou, mais comme on était *plusieurs, moi*, j'avais pas peur.

Jéjé a dit :

— Il faut vérifier.

Alors j'ai demandé :

— Mais elle serait où cette valise ?

Ils m'ont tous regardée comme si j'étais folle. Jéjé m'a dit :

— Tu te souviens vraiment plus ?

Non je ne me souvenais plus. Il m'a répondu que j'avais dit que la valise était derrière une fausse cloison. On est montés au grenier, Raph m'a fait sursauter quand il a posé ses mains sur ma taille, c'est pas mon mec, merde. Au moins, une chose était sûre, je n'étais pas morte… je ne voulais pas que mon gars me fasse une autre crise de jalousie.

J'ai chuchoté à Raph :

— Non mais t'es sérieux mec ?

Il a levé les yeux au ciel.

Dans le grenier, il y avait un sacré merdier. Il y avait beaucoup de poussière. On a avancé sur le plancher qui craquait au fur et à mesure qu'on posait nos pieds dessus. Sur la gauche il y avait quelque chose recouvert d'un drap, un drap sale. Puis il y avait des cartons. Il y avait des magazines, des albums photos, des papiers éparpillés partout. Il y avait des toiles d'araignées. Il y avait une odeur bizarre.

Sur la droite, il y avait un cheval à bascule. Jéjé a dit qu'il ne connaissait pas ce cheval à bascule, et pourtant qu'il aurait aimé en avoir un. Alors on a rigolé avec les copains et on lui a dit :

— Tous les vœux s'exaucent un jour.

On a continué à avancer prudemment sur le plancher qui craquait. Il y avait des étagères avec des bocaux, des bocaux vides. Non, y avait pas de trucs chelous du genre des boyaux de chats, des cervelles de moineaux, etc. Lily était une mémé ordinaire, pas une sorcière.

Bref, il n'y avait rien de particulier dans le grenier. Jéjé, Raph et mon mec se sont mis à taper sur la cloison du grenier comme dans les films. Ils voulaient voir si ça sonnait creux, puisque *je* leur avais dit que la valise avec les bijoux était derrière une fausse cloison.

Jéjé a hurlé :

— C'est ici, c'est ici !

Alors on a couru vers lui. On lui a demandé :

— On fait quoi maintenant ?

Il a regardé autour de lui et a couru jusqu'à l'étagère au fond de la pièce. Il a pris un marteau. Putain sur le coup je me suis dit qu'heureusement que ce n'était pas une tronçonneuse, sinon il aurait fait un massacre…

Il ressemblait à un fou échappé d'un asile psy quand il est revenu vers nous avec son marteau. En parlant d'asile psy, Steph n'était plus avec nous.

Jéjé a tapé sur la cloison. Il ne pensait pas aux conséquences. Si ses parents avaient surgi d'un coup, il aurait pris une baigne de son père, c'est obligé, faut voir comme il est sévère son père.

Mais Jéjé à cet instant, il était complètement aveuglé par la curiosité. De grosses gouttes de sueur perlaient le long de ses tempes. Il a tapé fort contre la cloison. Un trou s'est formé. Il a passé sa main et il a arraché la cloison. Et là ? Posée sur le sol, une vieille valise noire poussiéreuse attendait.

On a tous retenu notre souffle. On n'en croyait pas nos yeux, c'était pire que dans le pire film d'horreur qu'on avait pu voir. Mais au fond de moi, je sentais comme une terrible excitation. Qu'est-ce qu'il y avait dans la valise ?

— Vite, vite, ouvre la valise, j'ai dit.

Jéjé s'est penché. Il a tiré la valise sur le sol et il l'a ouverte. Il y avait des papiers. Puis il y avait des colliers de perles, puis des bracelets… Ça ressemblait vraiment à du toc, alors je lui ai dit :

— Je ne sais pas si ça a beaucoup de valeur, tout ça.

Quand Jéjé s'est retourné, j'ai vu qu'il pleurait. Il a dit que c'étaient les bijoux de sa mémé. Dans ma tête, une voix a dit : « Heureusement qu'il ne s'agit pas des bijoux de famille de Pépé. » J'ai pincé mes lèvres fort, très fort, j'ai inspiré et expiré, pour retenir un fou rire nerveux.

Jéjé a dit qu'il allait demander à un gars qui s'y connaissait, et qui pourrait lui dire s'il s'agissait de vrais ou de faux bijoux… Il en a de drôles de connaissances mon Jéjé…

En redescendant dans le salon, on était complètement secoués, alors on a rebu des bières, puis on a parlé de la séance et tout et tout. Moi, j'avais quasiment tout oublié. Puis mon mec a dit qu'il était temps de rentrer. Je ne voulais pas dormir toute seule ce soir-là, je veux dire dans mon lit chez ma mère, alors j'ai demandé à mon mec si je pouvais rester chez lui. Il m'a dit que oui. Je n'ai pas eu envie de faire l'amour ce soir-là, pas seulement parce que j'avais mes deuches, j'ai juste eu envie de me blottir dans ses bras. Je me suis endormie et j'ai fait des rêves super chelous.

Mardi 11 juin 1991

Il paraît que je serai riche et célèbre. J'y crois toujours pas. J'suis dernière de la classe, je passe de justesse dans la classe supérieure. Mais j'avoue que si je passe, c'est parce que les esprits m'ont donné les sujets des contrôles, du coup j'ai pu réviser juste ce qu'il fallait. Au dernier trimestre, j'ai eu 12 de moyenne, ma mère était trop contente.

Je me suis encore engueulée avec mon mec. J'suis pas prête à partir vivre avec lui. Peut-être que les esprits m'ont dit que je m'installerai avec mon mec, mais que c'est pas lui. Peut-être qu'ils me demandent de le quitter lui, pour trouver le bon. Mais là, je peux pas le quitter, même s'il m'emmerde, je l'aime. On sort ensemble depuis que j'ai treize ans. Deux ans de relations, c'est pas rien.

Ma mère voulait m'envoyer en pension, toujours son truc de bonnes sœurs. J'ai gueulé, j'ai dit : « Hors de question ! »

Elle a vu mon bulletin « *sauve-la-vie* ». Je n'irai pas en pension.

La mère de mon mec m'aime pas, elle dit que je suis le diable. Je l'emmerde.

Les esprits m'ont dit que le diable n'existait pas, et que Dieu n'était pas comme ils le disent dans la religion. Ils m'ont dit que le vrai Dieu est un dieu d'amour, et qu'il ne punirait jamais ses « enfants ». Et ses enfants à Dieu, c'est nous. Ils m'ont dit que les hommes ont inventé la religion pour faire peur aux gens et pour les contrôler.

Je les crois de plus en plus.

Hier, j'ai parlé avec ma mère sans lui dire que les esprits me parlaient. Ma mère, elle est super croyante. Je lui ai raconté Dieu comme les esprits m'ont appris. Ma mère a posé son visage sur sa main, elle a soupiré, elle m'a dit :

— C'est beau comme tu vois Dieu, et j'aimerais que tu aies raison.

Alors je lui ai dit que c'était moi qui avais raison, qu'il fallait croire en l'amour de Dieu, que Dieu n'était pas dans les églises mais à l'intérieur de nous. Je lui ai dit que l'existence, c'était juste pour améliorer notre âme, pour que notre esprit devienne à chaque existence encore plus fort. Elle a ouvert de grands yeux et elle a posé sa main sur mon front. J'ai dit : « Je vais bien » et je suis retournée dans ma chambre.

Parfois j'ai l'impression que je peux pas parler avec les adultes. Parfois j'ai l'impression qu'ils ne comprennent rien.

Maintenant j'entends bien distinctement les esprits, ils ne sont pas dans ma tête, ils sont à l'extérieur, et me parlent à l'intérieur, comme j'entends Alex. C'est super difficile à expliquer. Mais les esprits m'ont dit qu'il ne fallait pas que je parle d'eux avec les adultes. Du moins, pas maintenant. Ils m'ont dit que c'était un coup à finir en HP comme Steph, car l'humain, une fois adulte, ferme les portes de sa perception. Je ne sais pas d'où que je sors ça, j'sais pas trop ce que ça veut dire, mais il faut que je le marque ici. Et, qui sait, peut-être qu'un jour quelqu'un lira mon journal.

En tout cas j'espère que je ne serai pas morte quand j'aurai 50 ans, car je veux savoir ce que ça fait d'être riche et célèbre.

Jeudi 18 juillet 1991

Je suis dégoûtée. Je ne vois plus Alex. Les esprits m'ont dit qu'on finirait par se retrouver. Donc ça veut dire qu'elle ne mourra pas lorsqu'elle aura 25 ans, ce qui est une bonne chose. Hier, pour la première fois, j'ai montré un papier sur lequel j'avais écrit ce que les esprits m'ont dicté. Ma mère est devenue blanche comme une feuille. Elle m'a demandé : « Qui t'a donné ça ? » et « Pourquoi écris-tu ça ? ». Je lui ai dit que ça faisait beaucoup de questions, que c'était l'esprit qui m'avait dicté. Sur le papier il y avait écrit : « Désolé pour l'histoire du pull rouge. » Ma mère s'est assise et elle a pleuré. Je lui ai dit que les esprits me parlaient et elle m'a dit que je devenais folle. Alors je lui ai demandé pourquoi elle pleurait. Elle m'a dit que l'histoire du pull rouge était connue seulement par son père et elle. Et son père est… D E A D !

Jeudi 25 juillet 1991

Je fais peur à ma mère. J'arrête.

Alex est venue rapidement hier.

Ma mère veut m'envoyer en maison de repos.

Les esprits m'ont dit qu'il ne fallait plus que je parle, surtout pas d'eux, surtout pas d'Alex.

Alors je me tais, mais c'est de plus en plus difficile.

Parfois j'ai l'impression que j'ai trop de trucs dans ma tête. J'ai l'impression que ma tête va exploser.

Je comprends qu'il ne faille pas parler des esprits, mais pourquoi je ne peux pas parler d'Alex ? Quand je leur demande, ils ne me répondent pas.

Les esprits me parlent de plus en plus fort. Par contre, ils ne veulent pas me donner les numéros du loto. Je pensais devenir riche avant mes 50 ans, fait chier. 35 ans c'est super loin.

Lundi 2 septembre 1991

Un mois en maison de repos. Mon cul. J'étais en HP, impossible de voir mes potes. Et en plus j'avais oublié mon journal ici.

Ils m'ont donné plein de cachetons, du coup je passais mon temps à dormir et à baver.

J'ai pas parlé des esprits.

J'ai parlé d'Alex, car elle me parlait dans ma tête.

Les docteurs m'ont dit qu'Alex n'existait pas. Je crois que les docteurs mentent.

Je prends des cachets, je n'entends plus ni les esprits ni Alex.

Je suis allée voir Steph. Il m'a dit de ne pas prendre les cachets.

Je lui ai raconté pour Alex. Il a secoué la tête. Il a soupiré et m'a dit : « Il n'y a jamais eu d'Alex, c'est avec toi que j'ai couché. »

Non. Impossible.

On a décidé de faire une autre séance de spiritisme, je ne veux pas que ce soit la dernière. Il ne s'est rien passé de sensationnel, alors on recommencera.

Qui est Alex ? Comment faisait-elle pour communiquer dans ma tête depuis 5 ans ? Pourquoi je ne l'entends plus depuis plus de 30 jours ?

Dimanche 15 septembre 1991

J'ai arrêté les cachets depuis presque deux semaines. Je me sens mieux, moins fatiguée.

J'entends de nouveau les voix des esprits et la voix d'Alex. Je suis rassurée, j'ai besoin d'eux pour avancer et pour être riche et célèbre dans plus de 35 ans.

Mais qui est Alex ?

Je tenterai de le découvrir, mais là, il faut que je change de journal intime. Je viens de terminer celui-ci, je vais en commencer un autre.

OUI   NON

AU REVOIR

***

Léa M., guidée par ses « conseillers célestes », poursuit son petit bonhomme de chemin, sereine.

La lumière d'Alex s'est effectivement éteinte, à 25 ans, lorsque Léa M. l'a absorbée. Le médecin a dit qu'elle pourrait ressurgir, si Léa M. se sentait en danger, tout au bord de tomber…

Maryssa Rachel

Le vagabond de Saint-Paul

Franck Antunes

Vous qui passez n'avez jamais remarqué.

En transperçant la capitale des Gaules par le Nord, comme une balle dans un corps, sans vous arrêter, au grand dam du maire bétonneux Louis Pradel, surnommé zizi béton par ses opposants et peut-être par ses intimes qui souvent sont les mêmes en politique, juste après le fameux dangereux tunnel de Fourvière, au creux du virage trop serré, sur votre droite, là, il y avait une double prison.

Saint-Paul et Saint-Joseph.

Construites jumelées, elles étaient aussi siamoises que sournoises et dans la vulgate, soucieuse de faire court, ne subsistait que Saint-Paul.

Elles ne sont plus, remplacées par une bête résidence étudiante, mais certains doivent toujours y demeurer prisonniers…

Coincés dans votre prochain bouchon estival, jetez un œil sur les murs de forteresse ou les miradors émasculés recouverts d'acier et de verres modernes très polis. Et écoutez. Faites abstraction du ronron des moteurs surchauffés, des klaxons aussi intrusifs qu'inutiles, des bambins qui couinent, et laissez-vous happer. Il y a des cris toujours en sursis.

Moi non plus, alors qu'elle était dans sa lugubre activité, je ne la regardais pas. Je savais qu'elle était là puisque je détournais la tête dans un semblant d'attention à la circulation. Son silence d'arbre (un végétal a toujours quelque chose à dire qu'on ne veut écouter), sa porte d'ogre ne s'ouvrant que pour le va-et-vient de quelques femmes de parloir hébétées de retrouver leurs désespérances de chaque côté du mur, terminaient de me convaincre de l'ignorer.

Les détenus étaient invisibles aux badauds, leur accès hors de vue, avec seulement, parfois, le long des pierres murales, des logorrhées d'insultes débordant des yoyos, comme on nomme ces cordes lestées d'un récipient pour le convoyage d'ustensiles utiles mais tous impuissants à entamer les fortifications.

Cette prison, avant même que je sache sa fonction, me gla-çait, m'inquiétait et immobilisait tout le quartier en pestiférant son approche.

Elle semblait un donjon enfermant mal on ne sait quels Lucifer.

Je fus contraint de la regarder bien en face, lorsque l'entre-prise qui utilisait mes talents d'ingénieur sabra le champagne, en m'indiquant que nous avions remporté le juteux contrat de sa transformation en un lieu supposé plus accueillant : une ré-sidence universitaire !

Le nouvel établissement de Corbas l'avait dépouillé de ses habitants patibulaires. Maintenant, en place de la décrépitude, les jeunes les plus doués piaffaient d'impatience pour pour-suivre leurs études du barreau… coiffant élégamment l'histoire d'ironie.

Le projet était ambitieux. Il fallait, dans une précipitation frénétique quasi surnaturelle, réhabiliter les lieux d'âmes jeunes afin de donner une suite à la mobilisation déconcertante des Rhodaniens pour ne pas laisser disparaitre cet endroit vide.

Un peu comme si, après l'abolition de la peine de mort, les Français s'étaient trouvé une proximité avec la famille Deibler, bourreaux de père en fils.

J'étais ainsi sur le chantier froid de novembre, affairé, en-combré de plans, d'un casque, de chaussures de sécurité, maculé de boues crottées, gavé de jurons pour que ce bazar avance dans une direction laissant entrevoir une fin pos-sible… lorsque je le vis.

Il était tout vieux et arpentait les gravas en observateur du sol, humant de temps en temps l'air lourd, la tête perdue dans des songes ou des crimes, en toute imprudence, en pleine illé-galité, puisque l'endroit était naturellement interdit au public.

— Hey ! Vous là-bas ! Je vous parle ! Oui, vous !! C'est dan-gereux ici !!! Ne bougez plus, j'arrive ! Grrr…

Le début de l'échange fut tendu. Mais ses yeux sauvages contrastant avec sa voix douce m'intriguèrent.

— M'enfin, c'est un chantier ! Que faites-vous ici ?

Il me dit chercher quelque chose, un passage, une réponse à une vielle question… et qu'il se nommait Robert.

Nous nous refugiâmes dans le bungalow chaud, bruyant. Ça tombait bien, j'en avais un peu ras-la-capuche de tous les problèmes de réalisation, entre l'architecte aux vues conceptuelles irréalisables et les chefs de chantier sans imagination à force de se construire des murs. Il était mon prétexte pour m'évader, ce qui, étant donné le décor, n'était pas un paradoxe. Et puis j'aime bien les anciens, ils me ressemblent tellement avec leurs airs perdus.

Autour de la chaleur d'un café et devant cette intelligence pas trop ramollie ne cherchant qu'une aide, je me fendis d'une écoute sincère répondant à un certain appel.

Il savait qu'il pouvait se raconter et commença à m'avertir que je ne le croirais pas… Rien de tel pour provoquer l'attention.

Je tiens donc cette histoire de source sûre et je vais vous la confier… mais vous n'allez pas me croire.

Robert avait été pensionnaire de l'adresse, à tort évidemment, puisqu'il était innocent, bien entendu, me dit-il d'un œil coquin. 5 ans tout de même, ça fait cher l'erreur judiciaire ! Mais à peu de frais si l'on considère le réquisitoire.

Un matin, ils jetèrent dans sa geôle, dans son univers, un certain Stanislas.

Après les amabilités d'usage – « t'es qui ? t'es d'où ? pourquoi qu't'es là ? » – des réponses tout autant banales – « c'est marqué ! d'un pays que tu ne connais pas ! je suis innocent ! » – suivies de la découverte du règlement interne – « c'est mon lit ! fais pas chier ! » – et ponctuées d'un long silence de fayence – « … » – la vie à deux s'organisa dans un espace pour un.

Stan, mais il interdisait qu'on le nomme ainsi, était grand, les cheveux raréfiés gominés, la trentaine énigmatique, et parlait d'une voix douce mais sifflant un accent étrange. Lorsqu'il s'adressait à vous, son regard se posait instinctivement au-dessus de votre tête, puis, lorsque vos yeux croisaient enfin les siens, l'intensité et ses origines le laissaient ressembler à Béla Lugosi, l'acteur des Dracula en noir et blanc…

Paraît-il.

Il jouait aux cartes, seul, et ce n'est qu'au bout d'un certain temps, que la mémoire de mon interlocuteur oublia de comptabiliser, qu'il s'ouvrit.

Un soir, pendant que mon visiteur le tannait pour jouer aussi, celui qui se revendiquait « Le Prince » lui dit :

(Je vais laisser raconter Robert)

— Tu veux jouer ? On va jouer ! Mais c'est risqué… au moins autant qu'une évasion.

Nous répartîmes son jeu bizarre fait de lettres et de dessins, il m'informa qu'un accessoire lui était indispensable pour ce soir… et sortit, à la vitesse d'un magicien, un vieux couteau de sous son lit !

— Bon Dieu ! Mais tu vas nous faire pincer, range ça, malheureux ! Comment as-tu fait pour le faire entrer ?!

— Chut ! fut sa réponse.

Enfin, je me souviens surtout de ses yeux.

Il ne le rangea pas et me certifia que l'objet mortel était déjà là bien avant. Ça m'étonnait, j'étais déjà là bien avant ! … et il ne faisait pas partie de l'inventaire. À la lumière de la nuit, il le tint à deux doigts, pointe sur la table. Il m'imposa de la fermer tandis qu'il faisait de même avec ses yeux.

Sa voix se fit rauque, de ses lèvres presque immobiles, un guttural : « Esprit, es-tu là ? » trouva un passage.

L'estoc suivit les lettres, lentement d'abord, presque hésitant, puis les traces sur le bois se firent sillons. Il me posa des questions dont les cartes trouvaient les réponses. J'étais bouche bée. Je l'interrompis, persuadé d'une mauvaise blague, ou qu'il avait dû rencontrer Alphonse, mon complice de malheur… Je me promis de lui tendre la peau du dos à la première occasion.

Alors, je le piégeai d'une interrogation dont j'étais bien le seul à connaître la réponse :

— Qui est l'auteur de la cambriole dans la chambre 404 de l'hôtel des Platanes l'hiver dernier ?

La pointe hésita en désignant un amas de lettres :
DOINKTWNO
— Ahahah, n'importe quoi !
Stanislas me fixa intensément en redistribuant les cartes pour composer sans les regarder :
I DONT KNOW
Merde ! Mon milord victimaire était effectivement dyslexique ! Ah ça ! J'vous jure !

La soirée se déroula trouble, vinaigre, ça passait mal, je ne pouvais pas tout comprendre et suivre… jusqu'à ce que les lettres affolées signifient :
« Rends-moi ce poignard »
La tête de Stanislas s'inclina sur son torse, les paupières ne se relevèrent pas, l'engin tomba bruyamment au sol.
J'étais paniqué, un tel baroufe ne pouvait que faire rappliquer la milice du coin ! Je me jetai sur mon lit, recouvert de la pelure rêche servant de couverture, étouffant, guettant les bruits et curieusement épuisé.
À la façon d'un morceau de 80 kg de plomb, je devins inerte, somnolant… captif définitif de la nuit.
Lorsque j'ouvris un œil, Stan (mais ne lui dites pas que je l'appelle ainsi) était dans la même position, avachi sur sa chaise, les cartes en bataille… mais point de poignard.

— Hey ! Ho ! Mon gars, qu'est-ce qui s'passe ?!
Le Prince reprenait vie douloureusement et me dit :
— C'était Caserio.
— Quoi ? Qui ?

Je vous ravive, Santo Ironimo Caserio était un tout jeune illuminé italien qui fila un mauvais coup de couteau au président Sadi Carnot, un samedi soir, le 23 juin 1894, non loin de la Bourse de Lyon.

Malgré ses propos confus, il ne fut pas jugé irresponsable, la France pleurait son illustre défunt et réclamait vengeance.

Robert me rapporta ce que Stanislas lui avait confié au petit-déjeuner.

— C'est la statuette ! Celle offerte à la République par le Rajah de Khadjurno qui souhaitait s'en défaire. On aurait peut-être dû se demander pourquoi…

L'assassin était persuadé qu'elle lui avait sommé d'en finir avec celui qui serait le meurtrier de la cause révolutionnaire ; il avait déjà fait guillotiner plusieurs comparses et s'apprêtait à déclarer un état d'urgence criminel dans cette fin de septennat.

Mais comment savoir ?

Cécile, la première dame (bien que le terme n'était pas encore usité), accusa immédiatement l'idole païenne à la barre.

Curieux tout de même !

Robert questionna pour savoir d'où son compagnon de cellule connaissait tout ça.

— C'est Caserio qui me l'a dit cette nuit.

— Mais il s'est fait raccourcir, ici même, il y a presque un siècle !

— Raison de plus pour qu'il soit toujours là, où veux-tu qu'il aille sans sa tête ?!

— Et… et le saignoir, le beau tout damasquiné, tu l'as planqué où ?

— Il me l'a repris…

— Repris ?

— Oui… en me disant : « Sapristi, il n'avait tout de même pas une gueule d'Henri IV, ce grand médiocre ! » Il continuait de maudire l'ex-chef de l'État.

Robert et moi étions emmitouflés dans l'Algeco, je le regardais fixement, buvant son histoire qui était le seul point de réchauffement véritable. J'avais envie de le croire, ses salmigondis sonnaient vrais, en tout cas je jouais avec la matière première de ses phrases et j'assemblais des bouts du puzzle pour une image plus nette.

L'ancien taulard regardait sa tasse, ne cherchant nullement à me convaincre, il attendait que je le décrète fou comme tant d'autres avant moi.

— Monsieur, ça ne m'explique toujours pas ce que vous faites sur mon chantier…

— Parce que je ne vous ai pas tout dit…

— Eh bien, faites, dis-je d'un air doux.

Je n'osai plus m'adresser au Prince pendant quelque temps, ni parler d'ésotérisme, encore moins de fantômes, et tant pis pour lui. Je ne parlais plus, ne le regardais pas mieux. Ça dura… je ne sais pas. Vous savez, le temps, dans ces conditions, on l'oublie, la routine quotidienne est si immobile. C'est lui qui revint vers moi.

Alors, le Slave m'interpella sur le ton dramatique de son peuple :

— Bébert, j'ai un service à te demander… Il faut que je m'évade. Je le sais.

— Merde, tu déconnes, j'peux rien pour toi, mon grand.

— Bien sûr que si ! Autrement, je ne te demanderais pas ! T'es con, Robert ! De plus, ta partition est super simple, sans risque. Du velours. Parce que toi et moi, ensemble, avons des facilités pour les appeler.

— Qui ?

— Oh ! Tu le fais exprès ou quoi ! Les anciens de Saint-Paul ! Je remets les cartes et les lettres, on se le refait !

— Mais on n'a plus le schlass de l'autre bossu !

— On va gratter les pierres, pour en décrocher des bouts, il y en a bien un qui les a touchées… J'ai un truc à leur demander.

— Tu crois que ça va suffire ?

On s'y est mis, des morceaux de mur comme des bigarreaux, 4 ou 5. Non, 13. On les regardait, fascinés, il y en avait avec des éclats de gemmes couleur du spectre lumineux, rouge, orange, jaune, vert, bleu, et un brin de violet. Une nous hypnotisa plus que les autres. Non, ce n'est pas le terme, c'était comme une revendication.

— J'vous jure, M'sieur ! Chuis pas fou !

Le Prince l'a prise à deux doigts, faisant pincette pour qu'elle vibre sans entrave. Moi, je me cramponnais à la table en fermant les yeux. Quelque chose se passait, je me sentais comme exploré pendant que je gueulais intérieurement pour les appeler. J'étais un leurre, pendant que le Maître les réceptionnait.

« Charlot », voilà après quelques hésitations ce que les lettres indiquèrent, et nous comprîmes que ce n'était pas une insulte, mais notre interlocuteur. Alors, mon Vidocq à la manœuvre ne lâcha rien pour en savoir plus. Il s'acharnait, pestait, voulait des détails, surtout comment s'échapper ! Il le faisait à l'affolé, du genre à devoir se barrer sous peine d'en perdre la tête. Et je vous dis ça au sens propre comme au figuré.

Je regardais la scène, passif, sans tout comprendre, ça ne me regardait pas, mais j'étais curieux.

J'eus du mal avec les mots qui sortaient du jeu, pourtant j'en pratique des langages de la rue et même le français, j'suis bien fait et affranchi. Celui-là ressemblait à du connu mais en plus tordu, du grec antique pour les Grecs anciens. Ça faisait :

« Refendeurs et gones de mômes soumises, vous qui poissez et buttez les mecs soûls. Ah ! Gourrez-vous un reluit : la cour d'assises sera pour vous l'Abbaye du mont-à-regret. »

— Et ça veut dire ?

— Un avertissement ! De nous tenir à carreau pour éviter l'échafaud ! Ah ! Ça ne s'invente pas !

Il faut dire qu'on a passé la nuit à échanger, pour que le môme nous certifie se nommer Evariste « Charlot » Nouguier.

Un p'tit bonhomme à l'histoire sordide pas croyable !

Un Apache ! Comme on disait des jeunes voyous à la belle l'époque. Il s'était fait chopper avec sa bande de cinq pour un casse à l'allure toute simple, dans un bistrot, rue de la Villette à Lyon la Part-Dieu le 21 septembre 1898. La veuve Foucherand, tenancière du débit, continuait à gueuler après le larcin trop décevant pour Nouguier âgé de 21 ans et son comparse Gaumet de seulement 25 ans. Ils s'en retournèrent lui défoncer le crâne à coups de bouteilles et, dans le doute, revinrent plusieurs fois dans le bastringue pour terminer la fouille.

Cela les rendit plus simples à pincer. D'autant que les faits furent minutieusement étudiés par Alexandre Lacassagne, l'un des fondateurs de l'anthropologie criminelle, qui les accabla superbement en trouvant des bactéries rarissimes sur les gogues du lieu et dans leurs intestins ! Les deux complices furent destinés au châtiment suprême tandis que les trois autres complétaient leurs casiers par des peines diverses.

L'expérimenté médecin prit notre Nouguier en sympathie, le trouvant instruit et intelligent. Ils se rencontrèrent au parloir à plusieurs reprises et la future célébrité nationale (jusqu'à donner son nom à des avenues) avait plaisir à échanger en argot avec le criminel. Sous son impulsion, Evariste se lança dans la rédaction d'un dictionnaire sur le parler de l'époque et l'amorce de ses mémoires. Mais son temps était compté : le

10 février 1900 à 5 h 45, il fallut quasiment porter le jeune assassin, défaillant sous l'émotion, jusqu'à la guillotine.

Le condamné à mort ne garda pas rancune au Docteur puisqu'il en fit son exécuteur testamentaire.

Je vous vois ébahis, mais tout est vrai !

Malgré les années, par-delà les évènements, et par la grâce des cartes encadrées par les lettres, Evariste conservait suffisamment la tête sur les épaules pour aider Stanislas dans son dessein.

Je vais vous dire les choses avec ses mots, c'est plus vrai et c'est comme ça qu'elles me viennent. Mais je vous les expliquerai si je vous sens perdus. Je les entends encore comme si c'était la nuit d'hier.

Charlot nous rencarda sur un de ces vauriens qui traînaient dans les prisons de l'époque. Ce n'était pas la première fois que la société avait peur de ses gamins, c'est même une rengaine, alors on les parquait sans aucune considération ni efficacité.

Le p'tit Paul s'était fait alpaguer pour vagabondage avec une réputation de fin crocheteur (forceur de serrures en tous genres), un Mozart dans sa spécialité. Pas vraiment de parents, il avait une idée vague de son âge, dans les onze ou treize, ça dépendait de la personne en face. Faut dire qu'il était bien malingre. Le juge ne savait qu'en faire, alors il faisait tarder la décision, tandis que notre agité avait des affaires à régler avec la liberté. Les murs, ça ne le tapait (plaisait) pas. Il prenait l'air de sa piaule chaque soir pour nager (se balader) dans la marmite du Diable (prison). Ça lui permettait d'éviter le rapiot (premier gardien de prison) qui avait des vues peu éducatives sur son arrière-train. Il revenait au reluit (jour) avec des velléités de départ. Mais comment traverser les parpaings ? C'était d'une autre ambition qu'une simple promenade nocturne ! Imaginatif, le rigolo s'était fabriqué un repoussant (revolver) en taillant un savon avec ses ongles, puis en le maquillant de cirage noir pour faire menaçant. Ça fait son effet dans la semi-obscurité. Cependant, il savait bien que ses petits muscles de têtard et sa voix de castra ne pouvaient effrayer la poulaille (les surveillants) même muni d'un tel engin. Il lui fallait un grand croiseur pour porter et rendre crédible cette artillerie. Il cherchait un fagot (forçat) coureur pour devenir jockey. Seul, il n'oserait pas. Trop de risques. Ça réfléchit vite et sûr, un gone (gamin lyonnais).

Puisqu'on était au tiercé (réunion de bandits), Evariste se disait, pour aider, que le Paul et Stanislas pouvaient faire une paire si l'envie leur disait.

Oui, je sais, on est en train de parler d'une association de malfaisants à presque un siècle d'écart ! Ça paraît une dinguerie !

Pas dans l'esprit du Prince. Pour lui, le passé n'est pas mort, il n'est même pas passé, il n'a jamais existé, tout comme le futur, ce sont des inventions humaines. Le cosmos ne connaît que le présent. Les morts sont là, autour, sous une autre forme. Et tout s'empile. On invente des montres pour mesurer des effets, pour ne pas perdre son temps. Pourtant, on vit, on meurt, uniquement dans l'instant.

Enfin, un truc dans le genre.

Quant à Evariste, ça ne lui disait rien de venir, pour quoi faire, tout était déjà plié pour lui. Il avait ce qu'il méritait, et c'était marre. L'affaire était blèche (ne présentant aucune sécurité) au vu de son statut et il n'avait jamais prétendu devenir un anchois (élève de deuxième année à la prestigieuse école de La Martinière).

Puis, après un silence, tout s'arrêta. C'est-à-dire que Stan (mais chut, hein) se tut… Je dirais, a posteriori, qu'il se comportait comme après avoir reçu une révélation à conserver secrète.

D'un coup, il dit :

— Bon, allez, on va se coucher maintenant.

Il regagna son pucier (lit) et s'allongea les mains derrière la tête en regardant le plafond.

— Hey, Stanislas, qu'est-ce qui s'passe ? lui dis-je.

— Ferme ta gueule et dors !

Il m'a semblé que l'ordre était suffisamment clair… et ça tombait bien, j'avais sommeil.

— Vous ne me croyez toujours pas, l'ingénieur ?

— Euh… si… non… peut-être, enfin, comment voulez-vous que je sache ?! Vous arrivez et dites des trucs… Je veux bien vous écouter, mais je ne comprends toujours pas ce que vous faites sur mon chantier !

— C'est parce qu'il vous manque la fin…

Ça s'est passé la nuit d'après, il m'a tiré du lit, le jeu était prêt, il semblait très animé, presque en pétard. Il m'a dit qu'il n'y arriverait pas seul. J'ai répondu : « Laisse béton ! » Puis j'ai vu ses yeux et m'est revenu son aisance à manipuler le surin, ça m'a convaincu.

Sa demande, plutôt son injonction, n'était pas grand-chose finalement, et j'avais quoi d'autre à foutre ? Ben voilà, rien !

Il avait une espèce de vieille craie entre les doigts, qu'il laissait courir sur la table, au milieu des tarots bizarres. Je ne sais pas d'où elle pouvait venir. Moi, je tenais la planche en m'assoupissant sur sa volonté. Ça le calmait, il était à l'affût.

Et puis les traits ont semblé ressembler à des lettres, oui : PAUL

Ça l'a fait pouffer, il souriait et agitait les épaules comme un moqueur sur les bancs de l'école. Je me disais : quelle tarte celui-là ! J'ouvrai à peine un œil devant sa comédie, je restais vaseux, embourbé, il n'y avait pas seulement l'emprise du sommeil dans ma torpeur, non, quelque chose de plus fort appuyait sur mes agates (yeux). Je le distinguais quand bien même derrière la brume.

Le Prince semblait comme ivre, de gaffes, de bêtises ou de vin. Il se mit à dire qu'il était un vagabond, que son monde c'était la rue, et surtout celles autour des prisons et que voilà la raison de son prénom, que rien ne pouvait l'arrêter, et tralala, tralala.

Oui, il disait « tralala »…

Je me suis dit, comme ça, que le Stan (il m'aurait tué s'il m'entendait dire ça ou même le penser) tournait louf et je pouvais bien le comprendre.

On a beau dire que ce n'était pas si méchant d'être embastillé à cette époque, il y a 20 ans, et que tout est pire de nos jours, mais pfff, allez-y vous-même !

Moi, j'étais toujours dans mes demi-limbes, légèrement dans ce monde et un peu dans le vide, je sentais des courants d'air dans les pognes, puis aux pieds, et tout le corps, ma tête dodelinait, tandis qu'il balançait ses conneries. Je crois que je me suis endormi ou j'ai perdu connaissance, ou je n'en sais rien.

Je n'ai ouvert un œil qu'au matin, après le claquement de la porte du couloir des matons. Merde, il fallait vite tout débarrasser, nettoyer le boxon, réveiller le père Stanislas…

Mais là, je vous jure, j'étais seul dans le cagibi !

Envolé le Stan (il ne peut plus rien me faire maintenant) ou Paul ou un autre revenant ! Bref, que dalle !

Quand la Brigade légère a toqué à la porte, je n'ai rien su expliquer.

Ils ont gueulé, m'ont traité de complice, que je les avais refaits mais que je ne m'en tirerais pas sans payer ma part, que j'étais bon pour le mitard, qu'il fallait que je balance tout. Les potos, aux sons de l'engueulade, se sont mis à taper sur leurs casseroles, ça faisait un boucan d'enfer. J'étais tout bête devant mes tortionnaires, je me faisais petit en râlant tout de même. J'avais surtout envie de me marrer !

Et j'ai éclaté de rire !!

Je n'en pouvais plus, alors le tintamarre des gamelles redoubla, on aurait dit que nous étions le triple des huit cents comptabilisés ! Une vague qui déferlait le long des murs, prenant la tête des kapots, les faisant sortir de leurs gonds et de la pièce pour s'en prendre aux autres, non sans m'avoir proféré des menaces qu'ils tinrent toutes.

Ils m'ont collé au trou pendant 30 jours, tiens ma gueule ! Le max ! J'en suis sorti en héros, les gonzes ont cru que je savais tout et m'ont catalogué en mec de confiance absolue… Il y en a même qui m'en voulaient de ne pas leur cafter la vérité !

J'ai fermé ma gueule, je ne pouvais rien faire d'autre… sauf les soirs de boisson où je balançais tout, normal, mais ils me disaient que j'avais le beaujolpif inventif.

— Alors, voilà, quand j'ai vu que l'antique zonzon se faisait retourner pour être recyclé, je me suis précipité. Ça fait des jours que je furète les recoins.

— Mais vous cherchez quoi ?!
— Le passage secret ! La cachette ! Le corridor insoupçonné ! Qu'en sais-je ? Même le Grand Houdini avait ses trucs ! Parce qu'autrement… soit je suis fou, soit le monde est fou…

Le bungalow était maintenant surchauffé tandis que les bruits à l'extérieur se refroidissaient. Une fois les ouvriers chez eux, nous avons marché sur le chantier, le parcourant en jetant les yeux par-ci par-là, dénichant de gros rats sans peur, écoutant les silences derrière le ronflant des voitures ; il m'a semblé que pour lui, cela tenait plus du pèlerinage que de l'archéologie.

Je lui ai demandé s'il connaissait le fin mot de l'histoire.

Il n'a jamais revu la silhouette filiforme du passe-muraille, n'a jamais vraiment su son nom… Bogdano, Bogdavi ou Petrov, il ne se rappelle plus.

N'a jamais eu un signe… même avec des cartes… Il m'a d'ailleurs juré qu'il ne pratique plus… qu'il ne sait même pas faire… et que les cartomanciennes sont des tartes !

Pour le galopin, il ne savait rien.

J'ai cherché de mon côté, oh oui, j'en ai fait des recherches, interrogeant l'ancien directeur et les archives. Je n'ai rien trouvé, c'étaient des années où l'on pouvait être incarcéré sans être vraiment identifié, surtout en venant de là-bas, sans savoir d'où ni l'orthographe.

Quant au petit Paulo, aucun enfant n'est comptabilisé décédé aux alentours de 1900, mais on ne notait pas tout, surtout sans connaître les parents. Pas de gavroche de Vaise dépenaillé, ni de poulbot de Gerland avec casquette de travers, la réalité est toujours plus fade. Et puis, ce serait trop bête !

Peut-être que Paul est le conglomérat de toutes les âmes damnées de la prison, tellement mauvaises que rassemblées, elles doivent être saintes. Je n'en sais rien… hormis que tout devient possible quand on entre dans la fange grise de l'univers.

Mais vous me connaissez, j'aime les preuves et les faits, alors en fouillant obstinément, j'ai mis la main sur le reste : Caserio, le poignard, Nouguier, Gaumet, les assassinats, les têtes qui roulent dans la paille, Sadi Carnot, sa veuve, la statuette, le dictionnaire d'argot si émouvant, l'évasion sans trace, j'ai même marché avenue Lacassagne pour retrouver l'esprit du grand Professeur…

Parfois, je me demande si mon grabataire n'était pas un possédé ou un merveilleux affabulateur… ou une chimère.
Allez savoir.

À la fin, le petit vieux m'a regardé, le cœur mouillé par la libération de sa mémoire, il semblait plus courtaud, presque ratatiné, et m'a dit :
— Tant pis… Adieu.

Pas merci, je suppose qu'il n'avait pas l'habitude.
Puis il s'est estompé dans la pénombre, me laissant le singe de son histoire.

Je ne l'ai plus jamais revu.

Mais certaines fois, quand je suis harassé de la journée, en plein stress pour la fin du chantier… je vous jure… j'entends le galop bruyant d'un mouflet et je ne vois rien…

Après tout, à Saint-Paul une âme peut bien vagabonder si elle n'a su faire que cela.

Franck Antunes

Kaddish au Trastevere

Denis Morin

Ce jour-là, je marche dans Rome sans but précis. Cet avril gris qui prend des allures de novembre me jette dans un de ces cafards. Les arbres ne savent trop s'ils doivent tendre les branches vers de rares rais de lumière ou espérer de meilleurs jours. Après avoir avalé deux espressi, le cœur me débat. Je remonte le col de ma veste. Le besoin de me délier les jambes se fait sentir. En voyage de travail, le rat de bibliothèque s'accorde un rare jour de congé. Il est temps de ressentir les lieux.

Les archives et les documents couverts de graphies fines manuscrites m'arrachent les yeux avec cette forêt de hampes et de jambages. Trop de fioritures donne le tournis. Ma tête navigue entre des lignes d'idiomes, en partant du latin vers l'italien, l'anglais, le français. Des noms, des dates, des certitudes énoncées, mais des faits gomment parfois les bonnes intentions. Bref, j'ai le cerveau en compote et les traits tirés. L'intellect est mis sur pause. L'intuition s'active et me guidera pas à pas.

Départ du monastère où les murs protègent des rumeurs du monde. Je traverse de l'autre côté de la rue pour qu'on me voie. Je lève la main et je salue des ombres aux fenêtres. On s'espionne au couvent. « Ne vous en faites pas, le corbeau sera de retour vers 19 h. Croix de bois, croix de fer, si je meurs je vais en enfer. » Je souris. Au fond, je m'en fiche. Je longe le parc Pamphili où des perruches africaines au plumage vert lime squattent en bande les immenses pins parasol. Elles n'attendent rien qui vaille du soleil trop blafard. Elles sont parfois harcelées par des pies à la livrée noire et blanche, à l'image des Dominicains de l'Inquisition. Des bûchers ont longtemps hanté mes rêves où je brûlais deux fois plutôt qu'une.

En parcourant les ruelles, j'aboutis finalement à une artère urbaine. Je monte dans un bus boulevard Gregorio Settimo. Des affiches promeuvent des bagnoles, des baignoires, des sous-vêtements affriolants. Direction Vatican. Descente du bus. Je traverse la place Saint-Pierre. Je crie au miracle par la présence de rares brins d'herbe poussant tout près de la colonnade. Ma vie alterne entre la foi aveugle et les temps de désert où la grâce est lettre morte.

Puis je marche le long d'une rue qui m'amène au Castel San Angelo, jadis tombeau de l'empereur Hadrien et prison pour les neveux et les favoris des cardinaux récalcitrants à la volonté du pape. Je franchis le Tibre. De l'autre côté, l'église Sainte-Agnès-en-Agonie est encore fermée pour travaux de rénovation et de restauration qui durent des lustres. Les historiens, les maçons et les peintres s'y appliquent. Un panneau remercie les touristes de leur patience. Décidemment, j'ai une prédilection pour les attentes interminables, la souffrance et la mort. Rome se prête bien à ma quête inlassable avec ses strates d'histoire.

J'aperçois à portée de regard la Grande Synagogue toute blanche. Je m'en approche. La voix de ténor d'un cantor atteint même mon oreille. Toutefois, un surveillant me demande en italien la raison de ma venue. Je lui explique que je ne veux pas y entrer. Alors, le gardien me fait signe de circuler et de m'éloigner en pointant vers les pavés et en ma direction le canon de sa mitraillette. Mon « shalom » monte dans la brise. Il me sourit. Je comprends le risque du danger. Un attentat est toujours possible. Je m'éloigne à pas de loup.

Traversée du Tibre à nouveau en passant par l'Isola Tiberina, un minuscule îlot sur lequel vivent quelques religieux infirmiers soignant dans un hôpital sous lequel des réfugiés d'une autre époque y trouvèrent refuge. Parvenu à l'autre rive, ma vue se trouble et mon oreille bourdonne, signes d'une révélation à venir. Ça ne saurait tarder. Puis, non loin de là, via di San Francesco a Ripa, je me dis sans comprendre pourquoi : « Où sont les agneaux ? »

Comme dans un rêve éveillé et hors de mon entendement, m'apparaissent un homme portant long manteau ensanglanté, kippa, une femme prostrée par la peur tenant d'une main un gamin en pleurs et soutenant de son bras gauche un poupon de quelques jours à peine. Ils sont suivis par deux chemises brunes armées.

Je me concentre et demande à mon esprit de remonter le fil de leur histoire…

Rome, novembre 1943, par une rare journée ensoleillée, Rebecca Waterman ouvre grand les volets et les fenêtres étroites donnant sur un balcon minuscule. On dirait un jour de printemps. Elle souhaite aérer l'appartement. Elle croit que la journée sera bonne, du moins l'espère-t-elle. Aussitôt, son fils aîné tend le cou dehors. Mosè se met à narguer deux jeunes fascistes passant par là. À quelques maisons de là, Sœur Miriam, une tourière, suit la scène en toute discrétion.

— Eh, les deux fanfarons, vous étiez derniers de classe. Vous voilà promus chemises brunes !

— Mosè Horowitz, aurais-tu l'obligeance de te taire ? Tu nous causeras des ennuis, lui ordonne son père, Walter, qui cesse à l'instant de jouer du violon.

Les deux chemises brunes entrent dans l'immeuble. La religieuse emprunte un ascenseur, cage de grillage, qui va jusqu'au 5ᵉ étage. Elle en sort juste après l'arrivée de deux jeunes hommes au pallier. Avec la crosse de leur fusil, ils heurtent la porte étroite. Rebecca leur ouvre. En arrière d'eux, elle voit la moniale et lui fait signe de s'éloigner. Les deux chemises brunes se retournent, dévisagent la vieille femme voilée.

— Je me suis trompée d'étage. Bonne journée, Messieurs, lance-t-elle avant de redescendre par l'escalier de l'immeuble.

La porte se referme bruyamment. Une menorah posée sur la table est saisie pour en frapper Mosè sur la tête. Celui-ci a l'arcade sourcilière tailladée. Du sang gicle sur le parquet. Il est au sol, encore étourdi, et cherche à prendre conscience de ce qui lui est arrivé si brutalement.

— Tu n'es plus ce premier de classe. Te voilà à nos pieds, minable.

— Walter Horowitz, Rebecca Waterman, votre fils Jakub, vous êtes en état d'arrestation. Le bébé compte pour si peu. Vous pourrez l'avoir avec vous.

— Et Mosè ? demande la mère, inquiète, sur un ton implorant.

Les deux chemises brunes ne répondent pas. Walter reste calme, se met à jouer du violon pour détendre l'atmosphère et défier la fatalité. Le petit Jakub terrifié se cache derrière sa mère. Rebecca souhaite leur offrir un café le temps de les amadouer et de panser les plaies de son aîné. L'un des deux hommes attrape l'instrument et l'archet, les laisse choir, les piétine. Des vies voleront en éclats comme les partitions de Walter qui jonchent le plancher, selon toute vraisemblance. L'autre chemise brune s'esclaffe d'un rire tonitruant. L'heure n'est vraiment pas à la fête. Soudainement, les deux chemises brunes saisissent Mosè, le soulèvent et le projettent par-dessus le balcon. Le bruit sourd d'une masse, os, chair, fluides, vient d'éclater sur la chaussée.

Les deux chemises brunes descendent, sortent de l'immeuble, Mosè respire difficilement. Son corps est passablement abîmé par la chute. On lui attache les mains. Il gémit. Il est traîné jusqu'au Tibre aux eaux bistres. La famille observe du balcon ; un des leurs est balancé dans le fleuve. Les eaux avalent le blessé.

— Moïse n'aura pas su séparer les eaux, entend-on crier à répétition à quelques rues de là.

Une fois les manteaux enfilés, Rebecca prend bébé Ester et Jakub avec elle, tandis que Walter s'agenouille dans le sang de son aîné maculant la rue. Il récite le kaddish, soit la prière des morts. La tourière à quelques portes de là fait signe qu'elle surveille et veut aider. Les deux femmes savent très bien que la fuite n'est guère possible avec un enfant en bas âge et un nouveau-né. De sa main droite, la sœur décrit un cercle, comme si elle avait un plan en tête. Les doigts aux veines bleues tracent dans l'air frais un itinéraire. Rebecca devine et opine de la tête. Les deux bourreaux se ramènent prestement, conduisent la famille sous les quolibets et le regard méprisant de certains voisins. La tourière à la robe sombre et à la cape passe inaperçue. Elle ne sait que prier, broder, chanter, faire parfois des courses, préparer des repas pour ses consœurs, répondre à de rares visiteurs. Qui se méfierait d'elle ? Le trajet s'annonce bref mais pénible.

Au détour d'une rue perpendiculaire surgit la religieuse qui s'approche de Rebecca et feint un malaise. Rebecca se penche légèrement. Walter ne bronche pas.

— Ma sœur, regardez où vous marchez, dit l'un des hommes armés, décontenancé par la situation, pendant que le deuxième profite de la pause pour s'allumer une cigarette.

— Ester, Ester, murmure la religieuse.

Les gardes pensent plutôt que la sœur se montre reconnaissante.

La moniale se relève, dérobe le bébé endormi, le glisse sous sa cape, puis s'éloigne, sans se retourner. Ce n'est que rendus au camp de transit que les deux chemises brunes s'aperçoivent de la disparition du poupon.

— Elle nous a bien eus, la nonne. Vous voyagez léger à présent, Madame, ironise l'autre garde.

Une grille s'ouvre ; Walter, Rebecca, Jakub entrent. Deux jours plus tard, ils partiront pour le Nord en ce lieu sinistre où le slogan « *Arbeit macht frei* » (« Le travail rend libre ») accueille les agneaux.

***

Au couvent, par obéissance, la tourière présente l'enfant à la Mère Prieure et à ses conseillères, la petite est bénie et attire le sourire de ces visages marqués par le jeûne et les nuits passées en prière. Sœur Miriam sait que ce n'est qu'une formalité en temps de guerre. La solidarité et la survie priment avant tout.

— Mère et vous toutes, notre couvent est de taille modeste. Par contre, nous avons deux chèvres qui donnent du lait en abondance, nous ne manquons pas de légumes au jardin et le rire des enfants peut égayer le cloître le temps de nos récréations. Et ma fille, vous avez promis au Ciel de sauver au moins six enfants israélites pour les six pointes de l'Étoile de

David. Je vous ai entendue à la chapelle un soir après les vêpres. Chose faite. Cette petite est la sixième. Qu'Ester grandisse en nos murs. Notre novice Séraphine qui est d'une grande patience vous aidera dans l'éducation de ces fillettes. Pour les protéger, Sœur Rose préparera de faux documents d'identité chrétiens pour protéger nos gamines, au cas où nous serions embêtées. Je vous recommande la prudence lorsque vous sortirez du couvent. Et le cas échéant, je paierai sur ma vie le prix de ce « mensonge pieux », promet-elle en se signant.

Ainsi, le chapitre est levé séance tenante à la grande joie de toutes.

Les semaines et les mois d'après, la tourière et une consœur modifieront les trajets et s'assureront de ne pas être suivies par des chemises brunes. Prudence oblige.

***

Peu à peu, j'émane de la vision. Je reviens au temps présent en l'aube du XXIe siècle. Le ghetto juif est visité maintenant par les touristes, tout comme le Trastevere de l'autre rive est devenu un quartier branché de Rome. Les artistes y peignent et les écrivains y lisent de la poésie.

Derrière mon épaule gauche, une plaque commémorative en cuivre terni sous une pousse de lierre : « *Ce poste de police a servi durant la Seconde Guerre mondiale de camp de transit pour les Juifs de Rome envoyés à Auschwitz.* » Mon intuition avait lu en quelque sorte l'endroit bien avant mes yeux.

À quelques reprises et au fil des années, je referai le même circuit. Puis, un de ces jours, je croise, devant l'immeuble des Horowitz, une femme d'une soixantaine d'années marchant bras dessus, bras dessous avec deux hommes. Elle me sourit. Nous nous connaissons. En fait, nous nous reconnaissons.

— Ester, me vient au bout des lèvres, sans le moindre doute.

Elle acquiesce.

— Mosè et Jakub, osé-je émettre en pointant ses deux accompagnateurs.

— Du nom de mes frères disparus. Ce sont mon fils et mon petit-fils. On répare l'Histoire comme on peut, à son échelle.

— Ils ressemblent tant à votre père Walter. J'en suis sidéré.

Je lui raconte lentement en italien ma vision. Elle pleure. Elle me révèle que Sœur Miriam qui lui sauva la vie était la tante de sa mère, une célibataire érudite convertie. Nous sommes encore sous le choc, tout en étant apaisés. Par pudeur, je mets fin à la conversation. Je lui glisse une carte si jamais elle voulait me joindre. Elle m'embrasse, les joues mouillées. Ses descendants me saluent chaleureusement avant de poursuivre avec elle leur pèlerinage familial.

Denis Morin

La dame de Saint-Pierre-du-Mont

Bianca Bastiani

Moi c'est Brigitte et j'ai six ans. J'aime jouer dans ma petite chambre. Ma maman elle a tricoté une jolie robe en crochet pour habiller ma poupée Bianca. Je l'adore. C'est mon trésor à moi, ma poupée Bianca. On dirait une princesse de conte de fées. Ses cheveux y sont longs et blonds et ses yeux y sont bleus. Je voudrais ressembler à ma poupée Bianca. Moi je suis brune et mes yeux y sont marron. Les autres, à l'école, y disent que j'ai des yeux de cochon. Y se moquent de moi tout le temps. Ça fait pleurer moi. Pourtant j'aime bien l'école quand même. Ma maîtresse elle est très gentille. Elle dit que moi je suis douée. Elle distribue des bons points et des images à moi. Et puis, y a Lydie, ma meilleure amie. Lydie, je l'aime comme une sœur. Lydie, elle défend moi dans la cour de récréation quand les autres y sont méchants. Y traitent moi de plouc, de mocheté, de débile. Je suis différente, je sais. Lydie, elle dit que je suis trop sensible et que je dois endurcir moi. Heureusement que elle est là. Sans elle, les autres y auraient déjà cassée moi en deux. Y terrorisent moi, surtout les garçons. Lydie elle dit que c'est des cons mais moi j'ai pas le droit de dire des gros mots. Je suis polie, sage et bien élevée. Tous les dimanches, je vais à la messe avec mon papa, ma maman et Corinne. Corinne c'est ma petite sœur. Le jeudi, y a catéchisme. Je crois en Dieu. Alors j'dis pas des gros mots, car je sais que c'est un péché. Ma grande sœur Germaine, elle s'en fiche des péchés. Des gros mots, elle en connaît plein et aussi des chansons paillardes très rigolotes. J'aime beaucoup Germaine. Elle fait rire moi. Papa et maman y disent que Germaine est dure, que c'est une vraie tête brûlée. Je comprends pas bien ce que ça veut dire. Mon papa, ma maman et Germaine, y sont nés en Algérie, à Constantine. C'est des Pieds noirs. Pourtant leurs pieds y sont pas noirs. Corinne et moi, on est pas nées là-bas, mais dans Les Landes. On habite tous à Parentis-en-Born. Mon papa son travail c'est expert automobile. Il a un bureau pour recevoir ses clients dans notre grande maison. Ma maman elle l'aide comme secrétaire au bureau. C'est un homme important mon papa. Ça rend très fière moi. Quand il ne travaille pas, il joue de l'accordéon piano. C'est sa passion. Moi c'que je préfère c'est qu'on lise des histoires à moi. J'ai beaucoup des livres d'images. Le soir, ma maman vient border moi et elle raconte des contes de fées pour que moi je fasse de beaux rêves.

L'enfant est allongée sur son lit sous une grosse couverture rose. Sa mère lui raconte d'une voix douce l'histoire de Cendrillon. La chambre est chaleureuse avec un cosy vintage rempli de livres illustrés. Un grand coffre à jouets débordant de peluches et de poupées jouxte une belle armoire ancienne ornée d'un grand miroir. De jolies fleurs violettes fleurissent sur le papier peint mural. La gamine étouffe un bâillement. Refermant le livre, la femme embrasse sa fille sur le front, lui souhaite une bonne nuit et s'éclipse sur la pointe des pieds. Une petite veilleuse emplit les lieux d'une pâle lueur rassurante. Cependant, Brigitte ne dort pas. Une étrange sensation la maintient éveillée, comme une présence dans la pièce. Elle perçoit tout d'abord un parfum de lavande. Son petit nez se plisse alors qu'elle hume les délicats effluves. Une silhouette se matérialise soudain devant son regard ébahi. Une dame âgée corpulente toute de noir vêtue portant un chapeau, des gants, un sac à main et d'innombrables bijoux en or lui sourit. La petite ne ressent nulle peur, simplement un grand étonnement. L'apparition prend alors la parole :

— Bonsoir, Brigitte ! Comme tu es belle, mon enfant ! Je suis la dame de Saint-Pierre-du-Mont.

Brigitte n'a pas le temps de lui répondre. L'entité disparaît brusquement, laissant derrière elle un sillage parfumé. Incrédule, l'enfant se frotte les yeux, se demandant si elle n'a pas rêvé tout éveillée. Qui est donc cette mystérieuse visiteuse du soir ? Que lui veut-elle ? Elle se tourne et se retourne dans son lit, en proie à la plus grande nervosité. Elle se calme finalement et sombre dans les bras de Morphée.

Hier soir, y s'est passé un drôle de truc. J'allais dormir quand une vieille femme un peu grosse est venue dans ma chambre. J'ai pas eu peur. J'ai tout de suite compris que c'était une gentille. Elle sentait bon la lavande et elle était très élégante avec une robe et avec un manteau noir. Elle avait beaucoup des bijoux en or comme les dames riches et aussi un chapeau et aussi des gants et aussi un grand sac. J'étais surprise quand même, mais j'avais pas peur. Elle souriait gentiment et elle a parlé à moi. Elle a dit que elle était la dame de Saint-Pierre-du-Mont. Je sais même pas où que c'est cet endroit… Et puis elle a disparu, d'un seul coup ; comme par magie. J'ai pas rêvé, j'en suis sûre. J'avais les yeux grands ouverts quand je l'ai vue. Je sais pas si je dois le raconter à mon papa et à ma maman. Y vont peut-être me prendre pour une folle. Elle connaissait mon prénom cette dame. Elle a même appelée moi « mon enfant » et puis elle a dit que j'étais belle. Ça a fait drôlement plaisir à moi que elle dise que je suis belle. Elle a pas dit que j'avais des yeux de cochon comme les autres méchants à l'école. Ce sera mon secret à moi cette histoire. J'en parlerai à personne. J'espère qu'elle reviendra me voir cette dame…

Brigitte est attablée dans la cuisine devant son bol de chocolat et ses tartines. Sa mère épluche des légumes pour le couscous sur la table en formica bleue. La gamine hésite, puis se lance enfin :

— Maman, est-ce que toi tu connais un endroit qui s'appelle Saint-Pierre-du-Mont ?

— C'est à côté de Mont-de-Marsan. Il y a un grand cimetière. Ta grand-mère paternelle, mémé Bastiani, est enterrée là-bas.

— Je croyais que sa tombe, elle était en Algérie, moi.

— Non, Brigitte, elle a vécu en France et elle t'a connue alors que tu n'étais qu'un bébé. Cependant, tu étais trop jeune pour t'en souvenir.

— D'accord. Je pourrais voir une photo de ma mémé, si te plaît maman ?

— Je suis occupée avec mon couscous. Demande à Germaine !

L'enfant sort sur le balcon rejoindre sa grande sœur qui fume une cigarette.

— Germaine, si te plaît, tu montres à moi une photo de ma mémé Bastiani ?

— Tu ne peux pas laisser les morts en paix, Brigitte ! Allez, viens, suis-moi ! On va ressortir le grand album de famille.

La jeune fille écrase son mégot dans le cendrier et se dirige vers le salon. Vêtue d'un jean pattes d'éléphant, d'un pull chaussette et coiffée à la garçonne, elle a beaucoup d'allure. Dans son pyjama en éponge bleu, Brigitte la suit, impatiente. Germaine ouvre le grand buffet art déco dans lequel se trouve un ancien album photo en cuir bordeaux rapporté de Constantine. Il est orné de chameaux. Toutes deux s'installent à la table de la salle à manger. La grande sœur tourne les pages et montre alors une photo à sa cadette. Brigitte n'en revient pas. Il s'agit exactement de la dame de l'apparition. Les vêtements, accessoires et bijoux sont identiques. La dame de Saint-Pierre-du-Mont est effectivement sa grand-mère.

— Ferme ta bouche, Brigitte ! Tu vas gober une mouche. Que t'arrive-t-il ? On dirait que tu as vu un fantôme.

— Merci Germaine. Tu peux montrer à moi d'autres photos encore ?

Au fur et à mesure que les clichés défilent devant ses yeux, Brigitte se dit que le doute n'est plus possible. Sa mystérieuse visiteuse de la nuit dernière n'est autre que mémé Bastiani. Germaine a le regard triste. Elle retient ses larmes à grand-peine.

— J'aimais beaucoup mémé. Elle me manque tellement, tu sais… Ça suffit pour aujourd'hui les photos !

— Attends Germaine, tu peux parler à moi de ma mémé Bastiani, si te plaît ?

— Une autre fois, Brigitte. Je dois aller aider maman pour préparer le couscous.

— Oh, si te plaît Germaine ?

— Non Brigitte, n'insiste pas ! Ça me fait trop de peine. Et puis va donc t'habiller ! Tu ne vas pas passer ta journée en pyjama.

Ce soir-là, Brigitte est tout excitée. Sa mère vient de sortir de sa chambre. Elle est aux aguets dans la pénombre, espérant la visite de son aïeule. Elle n'a pas du tout sommeil. Elle regarde la petite veilleuse à côté de son lit. Soudain, le parfum de lavande vient lui chatouiller les narines. Elle prend une grande inspiration et sa grand-mère apparaît alors toute de noir vêtue avec ses bijoux et son chapeau.

— Bonsoir, Brigitte. Je suis la dame de Saint-Pierre-du-Mont.

— Bonsoir mémé Bastiani ! s'écrit l'enfant joyeusement.

— Ma chérie, embrasse bien Henri pour moi. Dis-lui que je suis venue te voir.

— Tu veux que je parle de toi à mon papa ?

— Tout à fait, mon enfant, et à Germaine aussi. Je n'arrive pas à communiquer avec eux. Il n'y a que toi qui peux me voir. Tu es spéciale, Brigitte. Tu as un don.

Une immonde odeur de pourriture envahit alors la chambre. Une entité grimaçante au faciès menaçant et effrayant s'interpose entre Brigitte et sa grand-mère. Cette vision de cauchemar terrorise la petite fille. Elle hurle. Le spectre maléfique prend alors la parole :

— Alors, comme ça Brigitte, tu as un don ? Tu peux voir ta gentille mémé. Mais moi je suis un esprit des enfers. Je suis beaucoup plus fort qu'elle. Elle ne pourra pas te protéger de mes maléfices. Je reviendrai hanter tes nuits.

L'enfant s'est réfugiée sous ses couvertures pour échapper à « la chose ». Elle pleure à chaudes larmes alors que la voix d'outre-tombe résonne toujours à ses oreilles.

— Qui que tu sois, je t'ordonne de laisser ma petite-fille en paix !

— Tu as ouvert le portail entre les mondes en voulant communiquer avec Brigitte. Et voilà ta punition, mémé Bastiani ! Moi, l'esprit malin, je me suis immiscé entre vous. Ta petite-fille est spéciale et je vais faire de ses nuits un calvaire.

— Jamais ! Je ne te laisserai jamais faire ! Par la grâce de Dieu tout-puissant, de l'Esprit saint et de la Vierge Marie, je t'ordonne de retourner aux enfers !

La créature démoniaque se contorsionne en proie aux flammes et disparaît aussi soudainement qu'elle était venue.

— N'aie pas peur, ma chérie ! Il est parti, maintenant. Tu peux cesser de te cacher sous tes couvertures. Rassure-toi, je veille sur toi.

— T'es sûre, mémé Bastiani ? J'ai eu beaucoup la trouille. C'était un méchant fantôme. Je veux pas que cette chose elle revienne faire peur à moi.

— Je te protégerai, mon enfant. Chasse ce monstre de tes pensées et fais de jolis rêves. Bonne nuit, Brigitte.

Désormais seule dans sa chambre, l'enfant peine à trouver le sommeil. L'effroyable apparition démoniaque l'a impressionnée au plus haut point. Elle n'arrive pas à oublier ses paroles de mauvais augure ni son horrible faciès. Pour tenter de se rassurer, elle s'efforce de penser à sa grand-mère bienveillante, mais rien n'y fait. Elle reste terrorisée. Elle finit par s'endormir, mais de terrifiants cauchemars peuplent sa nuit agitée.

Le lendemain, Brigitte se réveille troublée. Elle se remémore avec effroi les évènements de la veille au soir. Tout cela la dépasse. C'en est beaucoup trop pour une petite fille de six ans. Elle décide de s'ouvrir à ses parents. Eux sauront quoi faire, pense-t-elle. Elle se lève et rejoint la cuisine. Sa mère lui prépare alors son chocolat et ses tartines.

— Bonjour, ma chérie ! As-tu bien dormi ?

— Bonjour, maman ! Faut que je parle à toi, à papa et à Germaine.

— Eh bien, ma fille, à voir ta tête, ça a l'air important ! Que se passe-t-il, Brigitte ? Nous t'écoutons.

— J'ai vu ma mémé Bastiani et aussi un très méchant fantôme qui fait beaucoup peur, comme dans les films d'horreur que moi j'ai pas le droit de voir à la télé.

— Tu as fait un cauchemar, Brigitte, répond alors son père.

— Non, les cauchemars, c'était après, quand moi je dormais. Mais mémé Bastiani et le vilain méchant fantôme y sont venus avant, quand moi j'étais réveillée.

— Tu as trop d'imagination. Tu as dû rêver, comme l'a dit papa, renchéri Germaine.

— Non ! C'était pas un rêve ! J'ai beaucoup la frousse, moi. En plus, vous voulez pas croire moi !

L'enfant éclate alors en sanglots. Sa mère la prend tendrement dans ses bras et tente de la consoler.

— C'est fini, ma chérie. Les fantômes, ça n'existe pas. Et mémé Bastiani est au paradis. Sèche tes larmes, Brigitte !

L'enfant est désespérée face au scepticisme des adultes. Elle touche à peine à ses tartines et se prépare à contrecœur pour l'école.

À l'écart des autres élèves, deux petites filles discutent dans un coin de la cour de récréation.

— Lydie, t'es ma meilleure amie à moi. Je vais te dire un secret, mais faut que toi tu promets que, croix de bois croix de fer, si je mens je vais en enfer, que tu répètes pas mon secret.

— Croix de bois, croix de fer, si je mens je vais en enfer, je promets, je vais pas répéter ton secret, Brigitte.

— Hier, y avait deux fantômes dans ma chambre. Un gentil, le fantôme de ma mémé Bastiani à moi, et un très méchant qui fout beaucoup la trouille comme dans les films d'horreur. Et j'ai pas rêvé. Je dormais pas. Mon papa, ma maman et Germaine y veulent pas croire moi.

— Moi j'te crois. T'as eu la frousse ?

— Celui de mémé Bastiani, c'est un gentil fantôme. Y fait pas peur. Y protège moi, même. Mais l'autre, oui, y fout beaucoup la frousse ! J'ai crié fort, même que j'ai caché ma tête sous mes couvertures pour plus le voir. Et j'ai pleuré. Mais ma mémé Bastiani, elle l'a chassé le vilain méchant fantôme.

— J'ai jamais vu de fantômes moi, sauf à la télé. Je crois que moi aussi je m'aurais cachée sous les couvertures et que j'aurais eu la frousse.

Soudain, la sonnerie annonçant la fin de l'interclasse interrompt leur conversation. Les deux enfants se hâtent de rejoindre leur bâtiment.

Ce soir-là, alors que sa mère referme le livre d'images, Brigitte est emplie d'appréhensions.

— Maman, t'en vas pas, si te plaît ! J'ai peur du méchant fantôme. Je veux pas rester toute seule.

— Il faut dormir, ma chérie. Je laisse la veilleuse allumée. Tu n'as rien à craindre. Les fantômes n'existent pas. Dors bien ! La femme embrasse sa fille sur le front et sort doucement de la chambre en refermant la porte derrière elle. Brigitte n'est guère rassurée. Le parfum de lavande, désormais familier, envahit la pièce alors que sa grand-mère apparaît sous ses yeux grands ouverts.

— Bonsoir, Brigitte !
— Bonsoir mémé Bastiani.

Déjà, l'immonde odeur de pourriture recouvre les délicats effluves de sa grand-mère. L'entité démoniaque se matérialise alors, plus effrayante que jamais. L'enfant laisse échapper un cri perçant en se réfugiant sous ses couvertures. « La chose », baignée d'un halo rouge, affiche des traits déformés par la haine. Elle grimace et vocifère sa hargne en direction de la petite fille :

— Brigitte, je suis venu te chercher ! Tu ne m'échapperas pas ! Mémé Bastiani ne pourra rien pour toi.

— Esprit du malin, je t'ordonne de laisser ma petite-fille tranquille ! Attaque-toi plutôt à moi !

Sous les couvertures, l'enfant pleure à chaudes larmes. Elle perçoit un grand vacarme dans la pièce. Des objets semblent voler en tous sens. Des grognements émergent du chaos. Terrorisée, Brigitte se bouche les oreilles. Mémé Bastiani et le mauvais esprit luttent dans un combat acharné. Soudain, le miroir de l'armoire se brise en mille morceaux dans un fracas assourdissant. La petite fille hurle alors de toutes ses forces. Alertés par ses cris, ses parents font irruption dans sa chambre.

Les deux fantômes s'évaporent immédiatement, laissant tout sens dessus dessous.

— Mon Dieu ! Mais que s'est-il passé ici ? Pourquoi le miroir de l'armoire est-il brisé ? Brigitte, tu vas bien ? s'inquiète sa mère.

L'enfant émerge prudemment de ses couvertures. L'expression de son visage baigné de larmes reflète la terreur et l'effroi. En état de choc, elle ne répond pas. Ses parents se précipitent à son chevet et la prennent dans leurs bras.

— Marie-Louise, tu sens cette odeur désagréable ? On dirait un relent de pourriture mêlé à un discret parfum de lavande. Je ne sais pas ce qu'il s'est passé ici, mais c'est vraiment très étrange. La petite a parlé de fantômes hier…

— Tu as raison, Henri, ça pue. Je vais ouvrir la fenêtre. Quand je suis venue la border, elle ne voulait pas rester seule à cause du méchant fantôme. Emmenons-la dans notre lit ! On rangera tout demain et on fera remplacer ce miroir. Je n'aime pas cela du tout. Un miroir brisé, c'est un très mauvais présage. Il se passe ici des choses pas très catholiques.

— Brigitte, ma chérie, peux-tu nous raconter ce que tu as vu ? demande son père tout doucement.

Trop bouleversée pour pouvoir répondre, l'enfant demeure mutique.

— Ne la brusque pas, Henri ! Elle est choquée. On y verra plus clair demain matin. Allons tous nous recoucher !

Le lendemain, dans le lit parental, Henri et Marie-Louise discutent à voix basse pour ne pas réveiller Brigitte.

— Elle a mal dormi, la pauvre ! Elle n'a cessé de s'agiter et de crier dans son sommeil.

— Dieu seul sait ce qui a bien pu se passer hier soir dans sa chambre. Espérons qu'elle sera en mesure de tout nous raconter !

La petite fille ouvre les yeux et se blottit contre sa mère. Son père les entoure toutes les deux de ses bras protecteurs.

— Bonjour, ma chérie, sois gentille ! Raconte-nous ce qu'il s'est passé dans ta chambre hier soir !

— Bonjour papa ! Moi j'ai eu beaucoup peur. D'abord, y a mémé Bastiani qu'est venue. Elle fait pas peur mémé Bastiani. Elle est gentille et elle sent bon la lavande. Mais après c'était le méchant fantôme qui sent mauvais qu'est venu. Là, je m'ai cachée sous mes couvertures pour plus voir sa vilaine figure qui fout beaucoup la frousse. Y avait beaucoup du bruit alors je m'ai bouché les oreilles. Je crois que mémé Bastiani et le méchant fantôme y se battaient. Moi je pleurais sous mes couvertures. Et puis y a eu un grand bruit, alors j'ai crié très fort. Et puis vous étiez là. Et y avait plus mémé Bastiani et le méchant fantôme. Voilà !

— Quelle histoire ! C'est hallucinant ! s'écrit sa mère.

— La chambre ne serait pas dans un tel état avec le miroir brisé, j'avoue que j'aurais du mal à y croire… Mais là, on ne peut nier l'évidence. Il y a des forces surnaturelles à l'œuvre dans notre maison.

— Mon Dieu ! Mais qu'est-ce qu'on va faire, Henri ?

— Il faut en parler à un prêtre le plus rapidement possible.

— Papa, maman, moi j'ai beaucoup peur du méchant fantôme. Y dit qu'y veut prendre moi. Sa figure elle est tout rouge. Mémé Bastiani, elle est gentille. Elle veut empêcher le méchant fantôme de faire du mal à moi. Je veux plus dormir dans ma chambre toute seule. Mémé Bastiani et le méchant fantôme y disent que moi je suis spéciale, que y a que moi qui peut voir les fantômes. Mais moi je veux pas être spéciale. Moi je veux plus voir les gentils et les méchants fantômes.

Brigitte retient à grand-peine ses larmes alors que ses parents s'emploient de leur mieux à la consoler. Eux non plus ne sont guère rassurés… Germaine vient de rentrer. Elle a passé la nuit chez sa meilleure amie.

— Bordel ! Mais qu'est-ce qu'il s'est passé dans la chambre de la petite ? C'est quoi ce foutoir ?

— On t'expliquera ! Sois gentille, arrête de dire des gros mots et va t'occuper de Corinne ! Je l'entends qui se réveille.

— D'accord, maman !

Ce matin-là, alors que Brigitte est à l'école, Henri commence par prendre des photos polaroid de la chambre en désordre et des débris de miroir au sol. Tous s'attaquent ensuite à la remise en état des lieux avant de partir pour le presbytère. Le prêtre les reçoit avec amabilité. Il connaît bien les Bastiani. Ce sont de fidèles paroissiens très pratiquants. Il les écoute attentivement, regarde les clichés et leur promet de passer dans la journée bénir leur maison. Un peu plus tard, le curé accompagné de deux enfants de chœur se présente à la « maison hantée ». Le cérémonial de bénédiction des lieux peut commencer. L'abbé trace une croix sur chacun des murs de la chambre. Ensuite, il asperge l'espace d'eau bénite et verse un peu d'huile consacrée sur le sol tout en récitant des prières. Les clergeons ont allumé des cierges. Ils chantent des psaumes. Henri et Marie-Louise observent la scène dans un silence recueilli. La cérémonie prend fin et tous se retirent au salon afin de prendre des rafraîchissements.

— Merci infiniment, Monsieur l'Abbé.

— Je vous en prie. Cela fait partie de ma mission. J'espère que Brigitte passera désormais des nuits paisibles.

— Et si ce n'était pas le cas ? Si les esprits se manifestaient de nouveau ?

— Dans cette alternative, mais c'est peu probable, il faudrait faire intervenir un prêtre-exorciste pour votre petite fille. J'espère que nous n'en arriverons pas là. Ne vous inquiétez pas inutilement ! Les cas de possession démoniaque sont fort rares. Je dois prendre congé, à présent. On se verra dimanche à la messe. Vous me tiendrez au courant…

— À dimanche, mon Père, et merci encore !

Ce soir-là, Henri et Marie-Louise prennent la décision de laisser Brigitte dormir de nouveau dans sa chambre. Très croyants, ils ne doutent pas que la bénédiction du curé aura mis fin au problème. Cependant, leur petite fille ne l'entend pas de cette oreille. Elle n'est pas rassurée du tout et refuse de rester toute seule dans son lit. Ils mettent un très long moment à la persuader de leur obéir. L'enfant serre très fort sa poupée entre ses bras. Son cœur bat la chamade. Pour se donner du courage, elle récite une prière qu'elle a apprise au catéchisme. Si seulement Dieu était capable de la protéger ! Elle a envie de pleurer… Soudain, le parfum de lavande met tous ses sens aux aguets. Sa grand-mère lui apparaît dans un halo de lumière blanche.

— Va-t'en, mémé Bastiani ! Moi, je veux plus voir toi !

— Ma chérie, je ne te veux que du bien.

— Mémé Bastiani, va-t'en ! Tu vas faire venir le méchant fantôme.

Comme pour appuyer les paroles de Brigitte, l'immonde odeur de pourriture vient agresser ses narines. L'effrayant faciès rouge grimaçant se matérialise alors. Cette vision d'horreur se rapproche dangereusement du lit. Paralysée par la terreur et l'effroi, la petite fille voudrait crier, mais aucun son ne sort de sa bouche. Elle reste muette, tétanisée de peur. Elle n'a même plus le réflexe de se cacher sous ses couvertures. Tremblant de tous ses membres, le visage baigné de larmes, elle n'a d'autre choix que de regarder ce démon dans un face-à-face glacial. C'est alors que sa grand-mère s'interpose entre la créature maléfique et Brigitte. Lumière blanche et halo rouge se confondent, inondant l'obscurité de la pièce d'étranges étincelles. La petite veilleuse vacille et s'éteint brusquement. Les volets claquent et la fenêtre vole en éclats. Dehors, on entend soudain le fracas du tonnerre et de la foudre. À présent, le monstre crache des flammes sur la grand-mère. Le couvre-lit commence à prendre feu, sortant l'enfant de son inertie. Elle réagit enfin et hurle de toutes ses forces. Ses parents ne tardent guère à la rejoindre, Germaine sur leurs talons. Henri arrache Brigitte de l'incendie qui s'est propagé au lit alors que Marie-Louise court chercher l'extincteur. La panique s'est emparée de la famille. L'enfant est en état de choc et tous s'emploient à la cajoler.

Le lendemain matin, le médecin est au chevet de Brigitte, qui n'a pas prononcé une parole depuis la veille au soir. Il lui administre un tranquillisant et préconise du repos. Les Bastiani relatent par le menu à leur docteur les évènements des derniers jours. Ils lui montrent les photos et lui font visiter la chambre de l'enfant. Le praticien reste dubitatif. Cependant, il connaît bien la famille. Tous sont ses patients depuis de nombreuses années.

— Écoutez ! J'avoue que tout ceci dépasse mes compétences. Par contre, il m'arrive d'adresser certains de mes patients dont je suis incapable à soulager les maux à une guérisseuse. Elle est très forte, notamment pour le psoriasis. On la dit versée dans l'ésotérisme. Elle s'appelle Madeleine. Voici sa carte ! Appelez-la de ma part ! Elle saura quoi faire. Je pense sincèrement qu'elle est la mieux placée pour un cas comme celui de Brigitte.

Le médecin parti, un conseil de famille se tient au salon. Henri et Germaine sont d'accord pour faire appel à Madeleine. Marie-Louise, pour sa part, est plus réticente. Très pieuse, elle préfèrerait s'en remettre au prêtre-exorciste du diocèse.

— Enfin, Marie-Louise, ça va prendre du temps avant que l'exorciste ne vienne s'occuper de Brigitte. On ne peut pas attendre. C'est trop dangereux ! Après l'incendie de cette nuit, ce sera quoi la prochaine étape ? Et puis la bénédiction n'a servi à rien. Qui te dit qu'un exorcisme marchera ? tente de la persuader Henri.

— Oui, papa a raison. J'ai déjà entendu parler de cette guérisseuse, Madeleine, par des amis. Elle a très bonne réputation. Le docteur lui-même le pense, appuie Germaine.

— D'accord, je me range à votre avis. On peut toujours essayer la guérisseuse, et si ça ne marche pas, on fera appel à l'exorciste.

— Appelons-la sans perdre une minute ! Il y va de la vie de notre petite Brigitte !

Madeleine est une femme entre deux âges dont la physionomie impose le respect et la confiance. Ses traits marqués de quelques rides reflètent la bienveillance. Elle porte autour du cou un imposant pentacle. Après s'être entretenue un long moment avec les parents de Brigitte, elle observe les clichés de la pièce dévastée d'un œil critique.

— Conduisez-moi dans la chambre de l'enfant, je vous prie ! demande la guérisseuse.

— Suivez-moi ! Nous n'avons touché à rien depuis l'incendie. Regardez, la fenêtre est brisée, lui répond Henri.

— Je ressens beaucoup d'énergie en ces lieux, l'une bénéfique et l'autre démoniaque. Vous avez bien fait de faire bénir la pièce, mais ce n'est hélas pas suffisant. Je dois effectuer un travail ésotérique sur votre petite fille.

— Brigitte est encore en état de choc. Elle n'a pas prononcé un seul mot depuis la nuit dernière. Elle se repose dans notre lit, explique Marie-Louise.

— Ma chérie, voici une dame très gentille. Elle s'appelle Madeleine. Elle va t'aider à te débarrasser des fantômes qui hantent tes nuits.

Recroquevillée en position fœtale, la fillette ne réagit pas aux paroles de son père. L'arrivée de la guérisseuse la laisse indifférente. Madeleine se penche au-dessus de Brigitte, observant longuement son visage. Elle semble très concentrée. Un long moment se passe sans qu'aucune parole ne soit échangée. Enfin, elle déclare à l'intention des parents :

— Je vois clairement l'aura de Brigitte. Elle reflète de grands tourments. Mais rassurez-vous, c'est passager et je vais y remédier. Votre fille a un don de médium. Son esprit est comme un portail entre notre monde et celui de l'au-delà. Si vous le souhaitez, je peux refermer cette porte. Elle perdra son don, mais demeurera néanmoins différente, beaucoup plus sensible que la moyenne. Plus tard, il se peut qu'elle développe de grands talents artistiques associés à une imagination fertile. Vous avez une enfant extraordinaire.

— Allez-y ! Délivrez-la de ce que nous considérons plus comme une malédiction que comme un don ! Nous vous faisons confiance, déclare Henri.

— Attendez ! Est-ce que ce sera douloureux ? La pauvre a déjà été tellement éprouvée…

— Pas le moins du monde ! Brigitte ne souffrira pas, au contraire. Elle sera délivrée. Rassurez-vous, Madame Bastiani !

— Alors, je vous donne mon accord.

La guérisseuse s'adresse à présent à la fillette :

— Brigitte, tes parents m'ont expliqué que tu voyais le fantôme de ta grand-mère et un démon. Je peux les faire partir afin qu'ils ne viennent plus jamais te tourmenter. Dis-moi si tu es d'accord, mon enfant. Cela ne te fera pas le moindre mal.

La petite fille hoche alors la tête pour donner son assentiment. Madeleine sort de son grand sac quatre bougies noires qu'elle allume et dépose dans chaque coin de la pièce. Elle fait ensuite brûler de la sauge pour purifier l'atmosphère.

— Tu veux bien me donner tes mains, petite ?

Brigitte s'exécute timidement.

— N'aie pas peur ! Mon fluide est en train de passer de mes mains aux tiennes. Tu sens la chaleur bienfaisante ?

À présent, la femme impose son pentacle sur le front de l'enfant en prononçant d'obscures paroles dans un étrange langage. La litanie dure de longues minutes. Soudain, Brigitte est agitée de soubresauts. Ses parents blêmissent.

— N'ayez crainte ! Elle ne souffre pas. Son don est en train de se retirer de son esprit. Sa réaction est normale.

La petite a retrouvé son calme et sourit à présent. Au grand étonnement de ses parents, elle prononce même quelques mots :

— Beaucoup merci, Madame la Guérisseuse !

— Je t'en prie, mon enfant ! Tu as été très courageuse. Va en paix, maintenant ! Tu es délivrée des fantômes et des démons pour toujours. Je te le garantis.

— Papa, maman, moi j'ai beaucoup faim maintenant !

— Donnez-lui à manger ! Après un tel rituel, son corps a besoin de prendre des forces.

— En effet, le changement est spectaculaire. Merci beaucoup, Madeleine.

— Je repasserai la voir dans quelques jours. Tout va rentrer dans l'ordre, maintenant. Prenez tous bien soin de vous !

La vitre de la fenêtre de la chambre de Brigitte a été remplacée ainsi que le miroir de l'armoire. Un nouveau lit trône au centre de la pièce. Toutes les traces de l'incendie ont disparu. La fillette peut désormais dormir en paix. Le rituel de Madeleine semble efficace. Plusieurs nuits se sont écoulées et aucune manifestation ésotérique n'est venue troubler sa quiétude. Désormais, les Bastiani sont soulagés. Toute cette histoire ne sera bientôt plus qu'un mauvais souvenir.

La maîtresse d'école distribue des crayons de couleur à ses élèves. Les enfants se penchent sur leurs feuilles de papier et commencent à dessiner. Très concentrée, Brigitte colorie avec application sans se laisser distraire. L'institutrice relève les dessins. Soudain, elle pousse un cri d'effroi.

— Brigitte, viens me voir, s'il te plaît !

Le dessin représente un monstre au faciès rouge grimaçant. Cette vision de cauchemar est très réaliste.

— Brigitte, pourquoi as-tu dessiné cette horreur ? Tout va bien, mon enfant ? Tu as des problèmes ?

La fillette s'empêtre alors dans des explications décousues où il est question de sa grand-mère, du méchant fantôme, de l'incendie et de la guérisseuse. L'institutrice décide donc de convoquer ses parents afin d'y voir plus clair. Les Bastiani relatent par le menu les étranges évènements dont ils ont été victimes, photos à l'appui. La maîtresse reste perplexe et interdite face à la singularité de toute cette histoire.

— En tout cas, Brigitte me semble encore très perturbée. Pour preuve, cet effrayant dessin qu'elle a réalisé à l'école. Je pense qu'il serait opportun qu'elle consulte un psychologue pour extérioriser ses peurs. Je peux vous indiquer une spécialiste très compétente. Voici sa carte ! Appelez-la de ma part !

Maintenant, le jeudi, en plus du catéchisme je dois aller voir une dame. C'est beaucoup barbant. La dame, elle pose beaucoup des questions. Moi, je préfère jouer que de parler à la dame. Mais c'est obligé. C'est pour mon bien qu'y z'ont dit mon papa et ma maman. C'est ma maîtresse qui a dit que moi je dois voir la dame qui pose beaucoup des questions. C'est parce que moi j'ai un problème à cause des fantômes. Mon dessin de fantôme, ma maîtresse, elle a pas aimé. Elle a eu peur. Elle a voulu voir mon papa et ma maman. La dame elle dit que moi j'ai beaucoup de l'imagination. Des fois, je vois le méchant fantôme dans mes rêves et aussi ma gentille mémé Bastiani, je la vois dans mes rêves. Mais y reviennent plus dans ma chambre tout casser quand je suis réveillée. Heureusement, la gentille guérisseuse elle a guéri moi des fantômes. La dame qui pose beaucoup des questions, elle dit que la guérisseuse c'est un charlatan. Elle dit que les fantômes ça existe pas. Elle dit que tout ça c'est dans l'imagination de moi. Elle dit que moi j'ai peut-être une maladie de la tête avec un nom très difficile à se rappeler. Je l'ai oublié le nom de la maladie bizarre. J'en ai beaucoup marre que on embête moi avec tout ça. La dame qui pose beaucoup des questions elle dit que quand moi je serai grande, on donnera des médicaments à moi pour ma maladie de la tête. Maintenant, je suis trop petite. J'ai que six ans. Moi, j'aime pas les médicaments. Mon papa et ma maman y sont beaucoup tristes que moi j'ai une maladie de la tête. Pourtant ma tête, elle fait pas mal à moi. Elle dit que des bêtises la dame qui pose beaucoup des questions. Moi je l'aime pas la dame qui pose beaucoup des questions. Elle fait que embêter moi tous les jeudis. Le curé, au catéchisme, y dit que la dame qui pose beaucoup des questions et la guérisseuse, c'est pas bien pour une petite fille qui croit en Dieu comme moi. Y dit que Dieu y peut guérir moi. Y dit que mon méchant fantôme, c'était un démon de Satan. Le curé y va faire venir un autre curé pour enlever le démon de moi. Y dit que y faut pas le dire à la guérisseuse et faut pas le dire à la dame qui pose beaucoup des questions. Y dit que Dieu y va me délivrer du malin.

Madeleine est revenue voir Brigitte. La guérisseuse n'est pas du tout de l'avis de la psychologue. Elle pense que Brigitte va très bien.

— Ces psychologues sont tous les mêmes ! Vous ne devriez plus envoyer votre petite fille consulter. Ils vont la faire interner en hôpital psychiatrique lorsqu'elle sera plus grande et la gaver de cachets. Brigitte n'est pas folle. Elle a assisté à des phénomènes ésotériques que la science est impuissante à expliquer. Vous m'avez montré des photos de sa chambre ravagée. J'ai constaté avec vous les dégâts causés par l'incendie. Seules des forces surnaturelles ont pu causer tout cela. Votre fille n'est pas malade. Faites-moi confiance et laissez-la vivre tranquillement ! Il est normal qu'elle fasse encore des cauchemars. Quant à ce dessin de monstre qui a effrayé sa maîtresse, c'est sa façon à elle d'extérioriser tout ça. Rappelez-vous, je vous avais averti qu'elle resterait plus sensible que la normale. Sortez-la donc du piège de la psychiatrie avant qu'il ne soit trop tard !

Ce dimanche, après la messe, le prêtre s'entretient avec les Bastiani dans la sacristie de l'église :

— Mais non, votre fille n'est ni schizophrène ni maniaco-dépressive ! Ce qu'il lui faut, c'est un prêtre exorciste pour la délivrer du malin qui a pris possession de son âme. Quand je pense que vous avez sollicité les services de cette Madeleine, une sorcière ! De bons chrétiens comme vous, vous devriez avoir honte ! Cette sorcière n'a fait qu'empirer les choses, si vous voulez mon avis.

Le prêtre exorciste du diocèse est au domicile des Bastiani. Les parents de Brigitte attendent beaucoup de cette cérémonie. Ils sont très nerveux. L'abbé se veut rassurant. Tout va bien se passer. Ils ne doivent pas s'inquiéter. Brigitte est intimidée par ce curé inconnu. L'homme s'approche d'elle et entoure le cou de la fillette d'un bout de son étole violette. Surprise, cette dernière esquisse un mouvement de recul.

— Vous voyez, le Démon qui possède votre enfant recule devant la Sainte étole !

À présent, il asperge la petite d'eau bénite. Elle grimace.

— Décidément, le Démon n'aime pas ça ! Votre enfant est possédée, à n'en point douter !

Maintenant, il adjure la petite fille à Dieu et interroge le Démon pour connaître son nom. Le prêtre récite ensuite des passages d'évangiles et des prières. Il pose sa main droite sur la tête de Brigitte pour exorciser le malin. Récitant des prières, il exécute de nombreux signes de croix sur le corps de la fillette. Il prononce avec violence, d'une voix forte, le deuxième exorcisme contre « Le vieux serpent ». Impressionnée, l'enfant fond en larmes. L'abbé récite une dernière prière et conclut le rituel par des psaumes et des cantiques.

— Brigitte, tu es délivrée du Démon !

Il reprend à l'intention de ses parents :

— Voilà, la cérémonie est terminée. Le malin a quitté son âme. Votre fille est sauvée, par la grâce de Dieu tout-puissant.

— Merci, mon Père. Nous vous sommes infiniment reconnaissants.

À l'aube de mes cinquante-cinq ans, ce souvenir est encore bien présent dans ma mémoire. Mes démons ne m'ont pas quittée. Reconnue adulte handicapée et diagnostiquée bipolaire sévère, j'ai connu deux internements en HP et de nombreux psychiatres et psychologues. Madeleine la guérisseuse ne s'était pas trompée. J'ai l'âme artiste. Je suis devenue auteure. Hypersensible, je ressens les choses différemment. Je me demande souvent si je n'ai pas rêvé, imaginé toute cette histoire. Mon fantôme et l'esprit de ma grand-mère étaient-ils réels ? Mais alors, comment expliquer ma chambre saccagée, le miroir et la fenêtre brisés ainsi que l'incendie ? La petite fille de l'époque aurait-elle été capable dans une crise de démence de détruire tout ceci ? Et comment casser un miroir et une vitre sans se blesser ? J'avoue que les interrogations demeurent nombreuses… Je n'ai actuellement plus d'apparitions nocturnes. Par contre, mon imagination reste débordante et je suis fascinée par l'ésotérisme. Je mets ces facultés au service de ma plume. Mon dernier roman, *Le Pentacle de Vénus*, fait la part belle à cet univers étrange. Écorchée vive depuis mon plus jeune âge, malade et différente, je vous livre ici un récit qui n'est pas banal. Peut-être la science a-t-elle raison. Peut-être n'y avait-il ni fantôme ni esprit de mémé Bastiani. C'était simplement les délires d'une enfant maniaco-dépressive en crise. Ou alors non, si l'on veut croire au surnaturel, il existe une autre explication défiant la raison. Je vous laisse seul juge quant à votre opinion sur ce sujet.

Bianca Bastiani

La mémoire de Djerba

Cécile Ducomte

— Mesdames et Messieurs, nous arrivons à Erriadh, village très particulier de notre belle île de Djerba. Vous pourrez en effet déambuler à votre guise dans les ruelles étroites de cet endroit un peu reculé du monde. Vous tomberez en admiration devant les murs tapissés d'œuvres d'art, réalisées par des artistes du monde entier. Il est actuellement 14 h. Je vous laisse quartier libre jusqu'à 18 h, où nous devrons nous rassembler devant le bus pour être à l'hôtel à 19 h. Ne soyez pas en retard, s'il vous plaît ! Hier, j'ai dû en récupérer deux au marché de Midoun. Je ne peux pas vous en vouloir, mais ne recommencez pas, s'il vous plaît.

La guide enchaîne ensuite dans un anglais parfaitement prononcé.

Le couple installé devant moi rit sous cape. Ils avaient effectivement oublié l'heure de rendez-vous la veille. Notre guide, une femme d'une quarantaine d'année, mince, aux yeux noirs profonds, le visage fin bordé d'une chevelure brune impressionnante, disciplinée avec une multitude de tresses, les avait retrouvés attablés à une terrasse de café, en train de siroter tranquillement un thé à la menthe traditionnel. Elle avait souri, mais nous sentions qu'elle était un peu agacée. Sur le trajet du retour, je l'ai même entendue marmonner à l'oreille du chauffeur, dans un anglais parfaitement prononcé : « Ali, these French are unruly! They can't stick to a schedule. I think they're the least friendly tourists, too[1].

Le ton était donné. Le chauffeur lui avait répondu en arabe, car il avait capté mon petit sourire en coin, et souhaitait sûrement continuer leur conversation loin d'oreilles indiscrètes. L'intonation assez neutre de sa voix laissait penser qu'il était habitué et résigné devant les incivilités des Occidentaux. Mes oreilles ont toujours eu l'art de se glisser là où il ne faut pas. C'est

---

1 Ali, ces Français sont indisciplinés ! Ils ne peuvent pas respecter un horaire. Je crois que ce sont les touristes les moins aimables, de plus.

un défaut que j'essaie de corriger, mais c'est plus fort que moi. Je ne peux pas leur en vouloir. Il est vrai que nous, touristes français, n'avons pas la réputation d'être aimables. Nous portons souvent l'étiquette de personnes arrogantes, impolies, sans gêne et même proches de leurs sous, pour ne pas dire radines.

Je suis venue passer trois jours dans cette île au large de la côte tunisienne, connue pour ses plages méditerranéennes et ses villes blanches du désert. Le site que j'avais visité avait bien précisé que l'île porte en elle une histoire riche et intense, puisque toute l'architecture est influencée par les cultures de la Rome antique, mais aussi berbères, arabes, juives et africaines. Chacun des sites de voyage rivalise de termes flatteurs pour attirer les touristes. Pourtant, au vu des photos, et plus particulièrement celles des villages anciens, je n'ai pas réfléchi. J'ai immédiatement réservé un séjour, sur un coup de tête. Je ne regrette pas mon choix, car je vis un rêve éveillé depuis avant-hier.

Le premier jour, nous avons visité la ville principale Houmt Souk. Bien que les marchés artisanaux m'aient enchantée, notamment grâce aux mélanges d'odeurs et d'ambiances colorées et vivantes, j'ai trouvé la ville beaucoup trop bruyante et même, osons le mot, surfaite. Les commerçants étaient à mon sens bien trop agréables, gentils et attentionnés avec les touristes. Cette industrie fait apparemment vivre une grande partie de la population. Les marchandages parfois vindicatifs, pour ne pas dire parfois ridicules, m'ont amusée et ont attiré mon attention. Ce n'est pas dans ma culture de discuter un prix pendant parfois dix minutes pour le faire baisser de quelques centimes. Je trouve cette énergie inutile. Si je trouve un article trop cher, je passe mon chemin. J'ai tout de même ramené une poterie artisanale pour la maison en souvenir, sans chercher à diminuer le prix.

Pourquoi Djerba ? Pourquoi ce voyage ? J'ai toujours pensé que nos recherches étaient en quelque sorte guidées par notre inconscient ou notre intuition. Rien n'arrive par hasard. Je suis venue ici pour me retrouver, ou peut-être pour fuir quelque chose ?

Je repars demain à l'aube. Il s'agit donc de ma dernière demi-journée en immersion totale, loin de chez moi, de mes obligations, de ma vie survoltée, de ma routine quotidienne parfois étouffante. Je me sens tellement bien ici ! J'ai hâte de retrouver la dame mystérieuse d'hier. Elle me l'a promis. J'ai une intuition assez forte depuis notre rencontre : pourrait-elle recoller un morceau du puzzle de ma vie, au moment où je me suis perdue ?

Hier, la journée fut assez chargée. Elle a commencé par la visite de la synagogue de la Ghriba, qui accueille l'une des dernières communautés juives du monde arabe. Depuis cette visite, je ne suis plus la même. J'ai été époustouflée par l'intérieur de cet édifice majestueux. Après avoir couvert ma tête et mes épaules, comme l'exige le protocole, j'ai pu entrer dans un autre monde. Je suis restée là, immobile, pendant quelques minutes. Le temps s'est arrêté. Un fluide glacial a parcouru mon corps, puis il m'a réchauffée progressivement. Les larmes ont coulé, bien involontairement. Hypersensible depuis toujours, j'ai cette capacité de ressentir les histoires et les ondes dégagées par les lieux. Là, tout respirait la paix. C'était tellement différent de notre visite très stéréotypée et touristique de Houmt Souk ! Chaque couleur de l'intérieur de cette synagogue s'insinuait en moi comme un message véhiculé par ceux et celles qui avaient décoré ce monument d'une beauté à couper le souffle. J'ai ressenti jusque dans mon corps la spiritualité du lieu. Je n'aurais jamais pu m'imaginer, en observant la synagogue de l'extérieur quelques minutes plus tôt, que je vivrais un tel tsunami intérieur. Sans la moindre résistance, j'ai savouré avec délicatesse cet état de grâce. Loin de tout, dans un pays inconnu, quelque chose venait de se guérir en moi à cet instant.

Je me suis agenouillée au centre, pour mieux ressentir et vivre ce moment où je ne savais plus où j'habitais ni où je me trouvais. Ce sont les chants des rabbins qui sont venus me réveiller, ou plutôt me sortir de ma torpeur. C'était apparemment l'heure d'une prière collective. Lorsque mes yeux se sont ouverts, j'ai senti une présence près de moi. Une dame assez âgée me regardait avec un mélange de tendresse et de curiosité. Ses yeux verts ont immédiatement capté mon regard. Son visage légèrement halé, plus clair que ceux qui habitent cette île, ses traits fins et son sourire lumineux ont fini de me séduire. Tout en elle rayonnait la beauté, la sérénité et la lumière. Je me persuadai qu'elle avait dû être, dans le passé, une jeune femme extrêmement belle.

— Pourquoi dans le passé, Cécile ?

Cette voix cristalline était bien sortie de sa bouche. Cette dame, qui aurait pu être ma mère, connaissait mon prénom, ce qui me surprit car, de nature très discrète et solitaire, je doutais même que les autres usagers de notre bus le connaissaient. De plus, elle avait lu dans mes pensées, et elle parlait notre langue, avec tout de même un accent exotique un peu marqué. Qui était-elle ? Pourquoi s'adressait-elle à moi, touriste française en plein burn-out, perdue au milieu d'une île que je ne connaissais pas encore avant-hier ? Pourquoi voulait-elle entrer en contact avec moi, dans ce lieu sacré ?

— Ah là là, tu t'en poses des questions, ma petite ! Tu n'as pas changé, au fond. C'est bien ce qui te freine dans la vie, mais qui la rend plus intéressante aussi. C'est ce qui fait de toi une personne riche et entière.

— Mais, Madame, comment me connaissez-vous ?

— Je te connais depuis bien plus longtemps que tu ne le penses, petite fée. Je t'ai tout de suite reconnue.

— Reconnue ? C'est étrange ; votre regard ne m'est pas totalement inconnu non plus. Je suis presque sûre de vous avoir rencontrée quelque part un jour. Mais je ne parviens pas à situer ce moment.

— Écoute-moi bien, petite, passe ta journée tranquillement, et demain, lorsque vous visiterez Erriadh l'après-midi, je viendrai te retrouver. En attendant, profite de chaque instant et nourris ton esprit de l'histoire de notre île.

— « Notre île ». C'est vraiment original et même incongru, mais j'ai cru, lorsque vous avez dit votre dernière phrase, que vous m'intégriez dans l'histoire de Djerba.

La dame n'a pas bronché, mais je l'ai sentie touchée. Comme si j'avais visé juste.

— Profiter de chaque instant… Voilà qui me ravit. Je pratique cette philosophie de vie depuis avant-hier, et je suis à son paroxysme dans cette synagogue superbe, tellement ancienne que j'ai l'impression d'entrer dans son histoire. Mais comment ferez-vous pour me reconnaître au milieu de tous les touristes venus de France et d'ailleurs ?

— Ne te pose pas cette question. Fais-moi confiance. Je te retrouverai et je t'emmènerai dans un endroit spécial. Ne te tracasse pas pour le temps que ça nous prendra, nous serons largement revenues à temps pour le départ de ton bus.

De nature méfiante d'ordinaire, je me suis mise à scruter cette femme un peu ridée. Elle m'adressa en réponse un magnifique sourire, tellement authentique que je n'arrivais pas à imaginer qu'elle puisse me vouloir du mal. Son regard, en particulier, était tellement bienveillant que je me serais bien évanouie dans ses yeux, son histoire, sa vie.

J'ai séché mes larmes et regardé l'heure. Il était temps pour moi de retrouver le groupe à l'extérieur. J'avais même peur qu'ils m'attendent. Certaines personnes sont tellement impatientes que beaucoup n'ont pas dû apprécier les richesses de ce lieu.

— Cesse de penser aux autres, Cécile. Ils ont leur chemin et leur vie. Nous devons nous garder de juger autrui, mais au contraire les accueillir tels qu'ils sont. Chacun et chacune prend ce qu'il a à prendre des visites. Il en est de même dans la vie.

Regardant mes yeux humides, elle me tendit un mouchoir blanc immaculé, sur lequel était brodé un signe pour le moins énigmatique. Il s'agissait d'une petite croix verticale, dont les branches étaient dirigées vers les coins de trois losanges concentriques l'entourant.

— Il est magnifique, lui dis-je. Ce symbole doit représenter quelque chose de fort pour vous, je suppose.

— C'est un symbole de protection berbère. Cet œil repousse le mal aux quatre points cardinaux et il protège ceux qui le possèdent. Prends ce mouchoir, ma jolie. Je l'ai brodé pour ma fille il y a quelques années, mais elle n'en a jamais voulu. Elle me reproche mon attachement au passé et aux symboles. Elle préfère vivre à l'occidentale, c'est-à-dire loin de notre histoire. Notre relation est parfois complexe, et nous avons une drôle de façon de nous montrer notre amour. Pourtant, il est bel et bien là, et je tiens énormément à elle, comme elle tient à moi. Elle est ma seule fille au milieu de mes trois fils. Je te l'offre. Cela me fait plaisir de le savoir entre les mains d'une femme aussi intelligente et sensible que toi.

Ce mouchoir était sûrement un de plus beaux cadeaux que j'avais reçus. Je me mis à le sentir. C'est mon côté animal. Il faut que je sente tout ce qui m'entoure. Les fragrances de fleur d'oranger et de jasmin m'offrirent une évasion olfactive qui finit de sécher mes larmes.

— Je ne sais comment vous remercier ! Pourquoi cet intérêt ? Cette gentillesse ? Je ne suis pas habituée…

— Il faudra t'y habituer, ma petite. Allez, file ! Nous nous retrouverons demain, un peu après 14 h, près d'une fontaine. Tu la trouveras.

Je me suis retenue de la serrer dans mes bras.

— À demain, grand-mère. Je serai là.

— J'y compte bien.

Depuis cette rencontre, je vogue entre deux mondes. Les visites s'enchaînent, mais je n'arrive pas à retrouver cet état de grâce que j'ai pu vivre dans la synagogue. Qui était cette femme ? Était-elle vraiment réelle ou était-elle sortie de mon imagination ? Le mouchoir, qui ne me quitte pas depuis, m'attestait pourtant que je n'avais pas rêvé, comme témoin direct de notre échange.

La nuit dernière a été mouvementée. J'ai vu en songe une jeune fille de 16 ans, tout au plus, me regarder fixement. J'étais gênée d'observer cette beauté sauvage, portant en elle une tristesse infinie qui me transperçait le cœur. Aucun mot n'a été prononcé. Juste ce regard qui semblait m'implorer. En me réveillant, cette mélancolie m'habitait encore. Elle était comme « entrée » en moi. Qui était-elle ? Quelle avait été son histoire pour porter tant de douleur, marquant un visage encore si jeune et insouciant ? À quelle époque vivait-elle ? Ses habits colorés, sûrement traditionnels, lui donnaient une prestance extraordinaire et soulignaient ses courbes fines et tellement féminines. Une tenue de mariée, peut-être. Si jeune…

Ce matin, nous avions quartier libre. J'en ai profité pour marcher sur la plage non loin de notre hôtel. Marcher est ma seconde nature, indispensable à mon équilibre émotionnel. Que ce soit à la campagne, à la montagne ou en ville, je trouve dans mes pas et ma respiration une énergie qui m'aide à tenir. Heureusement que j'avais mon GPS intégré à mon téléphone, car je me serais bien perdue, seule, loin des gens que j'aime. Quelle avait été ma folie de partir seule ? Et si je ne revenais pas ? Alors que j'étais un peu assombrie par cette idée, j'ai assisté à un nouveau signe : peu avant 11 h, lors de ma pause avant de rentrer, j'ai eu l'impression de revoir le visage de cette jeune fille dans une vague, au large, dans la mer Méditerranée. Sa robe était cette fois intégralement blanche. Elle n'était plus triste comme dans mon rêve, mais souriait à pleines dents. Il m'a même semblé entendre son rire, s'arrêter et revenir en arrière au gré du mouvement des vagues.

J'ai simplement grignoté notre repas. J'avais tellement hâte d'être à 14 h ! Le voyage dans ce bus sorti d'un autre âge, inconfortable à souhait, a eu le mérite, par sa lenteur, de nous permettre de détailler les paysages de ce magnifique pays.

Nous y sommes. Je sors du bus, pâle et un peu titubante.

— Vous allez bien, Madame ?

Il s'agit de notre guide, toujours aux petits soins pour nous.

— Je vous remercie de vous en inquiéter. Je vais bien. C'est juste que je souffre du mal des transports.

— C'est sûr, notre bus n'est pas des plus modernes. J'ai de quoi vous remettre sur pied, suivez-moi !

Puis, s'adressant au chauffeur, elle dit :

— Ali, avant de partir, viens avec nous boire un thé glacé. Cette dame n'a pas l'air dans son assiette. Je préfère te savoir près d'elle quelques minutes.

— Ne vous donnez pas cette peine, je vais déjà mieux. J'ai pris une gourde d'eau dans mon sac, cela fera l'affaire. Je suis juste… un peu perturbée depuis la visite de la synagogue hier.

— Oui, j'ai vu votre trouble. Cela arrive parfois, lorsque nous sommes loin de chez nous, sans repères familiers. J'espère que votre après-midi sera plus calme. N'hésitez pas à revenir vers nous si vous êtes souffrante. Nous restons près du bus.

— Merci pour votre sollicitude. Vous êtes vraiment gentille.

Ali et la guide me regardent et s'échangent quelques mots en arabe. Je m'éloigne d'eux en leur adressant un dernier sourire.

La phrase entendue hier me revient en mémoire, comme pour finir de me secouer :

« Nous nous retrouverons demain, un peu après 14 h, près d'une fontaine. Tu la trouveras. »

Je n'ai pas assez confiance en ces deux personnes pour leur demander où trouver une fontaine. D'autant qu'il y en a peut-être plusieurs. Je commence par suivre le groupe. Nous sommes bien grégaires, nous les humains. Le groupe nous rassure. Pourtant, la dame a bien précisé vouloir me trouver seule. Au bout de quelques rues, je m'éloigne donc des autres. Je marche, seule, parcourant, et même sillonnant les ruelles, spectacle d'un diaporama à ciel ouvert. Une fontaine… J'ai beau ouvrir mes yeux et être attentive à tous les éléments qui m'entourent, je ne distingue pas le moindre point d'eau.

Je marche encore, angoissant devant l'heure qui avance. Je presse le pas.

« Elle doit m'attendre ! Elle va être en colère ! »

Ces pensées m'aveuglent un peu. J'hésite à emprunter la ruelle la plus étroite du village. Une fois celle-ci entamée, mes pas ralentissent instinctivement, pour finir par s'arrêter complètement. Je reste bouche bée devant une fontaine… peinte ! Un véritable prodige ! Qui a bien pu réaliser une telle œuvre sur ce mur délabré, oublié, sombre et perdu ? Elle donne tant de douceur au lieu. Et si la fontaine dont me parlait la dame était…

— Ah, te voilà enfin !

Elle est derrière moi.

— Je suis désolée de mon retard, je cherchais une véritable fontaine.

— Et tu avais oublié de regarder autour de toi, n'est-ce pas ?

— Oui, c'est cela. Elle est tellement… grandiose ! Pourquoi avoir choisi le mur le plus sordide pour peindre un tel chef-d'œuvre ?

— Peut-être que l'artiste en question avait un lien avec ce mur, qui sait ?

— C'est possible. Nous ne savons pas tout, c'est évident. En tout cas, elle illumine la rue.

— C'est vrai. Bon, petite, veux-tu me suivre ? Je te donne mon prénom tout de même : je m'appelle Safia !

— Je veux bien, Safia. Mais pourquoi ne me dites-vous pas où nous allons ?

— Parce que c'est un secret. Ou plutôt, c'est encore trop tôt. Es-tu prête à suivre une vieille dame comme moi dans un endroit inconnu ?

— À vrai dire, je ne sais pas trop…

— Aurais-tu peur ?

— Comment faites-vous pour tout deviner ainsi ? C'est comme si vous lisiez en moi. Suis-je si transparente ?

— Je te l'ai dit hier. Je te connais depuis bien plus longtemps que tu ne le penses. As-tu encore peur ?

— Je crois bien que non. Avec vous, Safia, je n'ai peur de rien.

— Voilà qui avance bien. Alors, quand tu seras prête, nous pourrons y aller. Tu verras, c'est très près d'ici.

— Très près d'ici ?

— C'est simple : nous y sommes ! Regarde bien au centre de la fontaine. Vois-tu quelque chose de particulier ?

J'observe intensément chaque détail de la peinture, mais je ne vois rien de spécial, de plus accrocheur.

— Regarde mieux. Mais pas avec tes yeux. Ferme-les, d'ailleurs. Le reste va passer par tes mains. Es-tu prête à caresser ce mur ?

— Le caresser ?

— Oui, c'est cela. Ferme les yeux, caresse le mur et… cherche.

Je m'exécute sans attendre. Le mur est chaud, comme si le soleil avait réussi à se frayer un chemin à travers la ruelle, pour le réchauffer de sa puissance. Il est lisse, poli, satiné. Pas la moindre aspérité ne vient attraper mes mains, qui se promènent avidement, un peu comme si je cherchais une part de moi-même.

— C'est bien, tu approches. Ralentis un peu.

La voix de Safia se fait plus lointaine. Je continue mon exploration. Mes mains glissent lentement, sensuellement, sur ce mur tiède qui, en un instant, n'est plus du tout insalubre mais au contraire agréable à toucher, propre et uni. Je suis dans un état second. J'ai l'impression de sortir de mon corps et de voler. C'est bien cela : je m'échappe de ma condition de Terrienne pour me laisser bercer par la bise tiède. Je suis aussi légère qu'une petite plume. Je ne veux plus quitter cet état si grisant. Safia me parle de loin. Je ne sais pas si elle se trouve à ma droite, à ma gauche, dans mon dos ou devant moi.

— Voilà, nous y sommes. N'ouvre surtout pas les yeux. Ce que tu vas vivre ne passera pas par tes yeux. Prends ton temps, surtout.

— Je n'ai plus de corps. Est-ce dangereux ?

— Mais si, tu as un corps, ma jolie ! Tu es bien là devant moi. Mais ton esprit, lui, s'est libéré de ton enveloppe corporelle car il part en voyage. Loin.

— Loin ?

— Oui. Nous allons visiter ensemble une autre vie. Une vie antérieure. Une de tes anciennes vies.

— Une de mes anciennes vies ?

— Oui. Ici. Derrière ce mur.

— Suis-je en train de mourir, Safia ?

— Bien sûr que non ! Pourquoi cette question ? Le temps ne s'arrête pas autour de toi. Tu vas bien, rassure-toi. Tu peux d'ailleurs entendre ton cœur qui bat. L'entends-tu ?

Les battements de mon cœur s'accélèrent et tambourinent dans ma poitrine, comme pour me maintenir vivante. Mais est-ce bien le mien que j'entends ? Je ne reconnais pas son rythme ni ses battements familiers qui m'accompagnent depuis ma naissance, et même bien avant.

— C'est cela, « *bien avant* », dit Safia en articulant, accentuant le dernier mot. Tu approches, Cécile.

Ce cœur bat très vite. Je ne suis plus moi. Je sais juste que j'ai peur. Je suis… dans le corps d'un autre être humain !

— Voilà, tu y es cette fois. Je te laisse quelques instants, car la suite doit se vivre dans l'intimité. Je reste près de toi. Tu pourras sentir ma présence. Mais je ne parle plus. Tu es déjà ailleurs. Sens-tu ton cœur ?

— Oui, il bat très fort. On dirait que je cours. Je suis… une jeune femme, très jeune. Je dirais 16 ans tout au plus. Je ne suis pas bien lourde. Je pense avoir manqué de nourriture dans ma vie. Je suis pauvre. Je porte une longue jupe qui ne m'empêche pas de marcher très vite. Je cours car… je fuis ! J'ai peur. J'embarque ma petite sœur, Yasmine, qui vient me rejoindre.

— Ne prononce plus de mots, Cécile. Entre en elle vraiment. Dans son corps, sa vie, son histoire. Je te retrouve après.

La scène est tout autre. J'ai chaud. La chaleur est insoutenable l'été ici. J'entre dans la tête de cette jeune fille, puis dans son corps. Je me sens légère et pourtant je porte déjà sur mes épaules un poids énorme qui ne m'appartient pas, m'alourdit et courbe un peu mon dos. Avec cette chaleur, couverte ainsi de la tête aux pieds, je rêve de baignade dans la mer. Mais les filles et femmes ont des horaires stricts pour se baigner, et pour nous c'est toujours le soir avant la tombée de la nuit, quand il commence justement à faire plus frais, et quand la visibilité n'est pas bonne. Pour les heures les plus chaudes, c'est au tour des garçons et des hommes. De plus, nous devons nous baigner totalement habillées, alors que nos frères et pères se baignent en simple short. Il y a eu assez de noyades pour dissuader la majorité des filles de se baigner. La dernière était une jeune femme de 18 ans, un an plus tôt… Morte sous les yeux des hommes qui l'ont regardée perdre la vie. Depuis, aucune d'entre nous n'a osé braver la mer, devenue menaçante et porteuse de deuil. Je hais ma condition de femme. En parlant de femme, ma mère, si douce au demeurant, me serine à chacune de mes sorties depuis trois ans maintenant, soit depuis le fameux jour où la communauté m'a établie femme, pour que je fasse attention à me déplacer vite et couverte intégralement, afin de ne pas attiser la convoitise des hommes. C'est notre sujet de discorde le plus fréquent. Je ne me sens pas du tout femme, et encore moins un objet de convoitise. Je me sens davantage comme un animal libre et indépendant. Pas une proie humaine.

J'aide beaucoup à la maison. Mon père, un homme rustre et dur, ne m'adresse que très peu la parole. Et c'est tant mieux, car quand il le fait, c'est toujours pour m'humilier ou me demander une tâche ingrate. La pire de toutes, pour moi, reste les lessives dans l'eau froide sortant du puits. Nous, les femmes et filles de plus de 12 ans, revenons de cette corvée avec les mains gercées et une lassitude difficilement supportable. C'est loin, c'est lourd, c'est usant et répétitif, épuisant pour notre dos et même notre esprit. Je ne connais aucune femme qui aime cela. Les hommes, eux, ne se sentent pas concernés. Je suis sûre qu'ils savent à quel point c'est pénible, pourtant. Si seulement chacun pouvait gérer son linge sale…

Je suis une grande enfant et je suis loin de me projeter avec un homme. Mon plaisir à moi, c'est la lecture. Depuis toujours, ce plaisir doit être caché, car mon père n'a jamais souhaité que ses deux filles apprennent à lire. Je ne lis que quand je sais mon père loin. Je dois cet apprentissage à mon grand-père tant aimé, le père de ma mère, Abdel. Avec patience et rigueur, il m'a initiée à la lecture de l'arabe, mais aussi à l'écriture, les mathématiques et l'histoire de notre peuple berbère. Ces moments sont toujours restés secrets. Seule ma mère est complice car elle a bénéficié également de la bonté de son père. Son mari, mon père, n'est même pas au courant que sa femme sait lire ! C'est dire l'intérêt qu'il lui porte…

Mon grand-père est celui qui m'a élevée. J'utilise volontairement ce mot. Ici, une femme est juste bonne à trouver un mari et à engendrer beaucoup d'enfants pour son mari, des fils bien entendu. Ce charmant mari qui, dès qu'il le pourra ou en aura les moyens, prendra une autre épouse, puis encore une autre, toujours plus jeune et fraîche, quand le corps de leur femme sera abîmé par les grossesses successives. Je n'aime pas les hommes, leurs regards appuyés, leurs pulsions qui m'effraient, leur mépris affiché pour les femmes, pour toute vie d'ailleurs en dehors de la leur, leur arrogance et suffisance. Je ne veux pas de mari. Je veux rester libre, même si ma liberté est relative tant que je suis sous la tutelle de mon père. Je ne suis pas née pour être l'esclave d'un homme. Je rêve de contrées sauvages où les êtres humains, comme les animaux, seraient tous respectés, quels que soient leur genre, couleur de peau ou religion. Un monde de paix. Je prie Allah avec ferveur pour que mon père ne décide pas de sceller mon destin contre mon gré.

J'ai une particularité qui m'empoisonne la vie : je suis, aux dires du village entier, la plus jolie fille du coin. C'est en réalité une malédiction. Je tiens cette beauté de ma mère, et de mon grand-père tant aimé. Cela suscite des jalousies de la part d'amies qui ne pensent qu'aux garçons. Qu'elles sont sottes ! Le seul garçon qui a attiré mon attention est mon ancien ami, Mohamed. Nous étions inséparables depuis notre plus tendre enfance, jouant jusqu'à des heures tardives. Hélas, depuis un an, Ali me regarde différemment et change. Il devient dur et étranger. Je me suis donc éloignée de lui. Même le plus doux des garçons se transforme en être égoïste et un peu bestial une fois qu'il devient jeune homme, pour suivre le troupeau et ne pas se démarquer. Cela a été ma première déception.

Le seul homme que j'aime de tout mon cœur est mon grand-père Abdel. Je lui dois l'élévation de ma condition, et la libération de mon esprit à travers mes évasions littéraires. Nous ne sommes pas riches, mais il arrive toujours à me trouver un livre à lire. C'est un ange venu sur Terre. Veuf depuis dix ans, il trouve en notre présence un réconfort et une compagnie précieuse dans ses longues journées en solitaire. Mon grand-père n'a eu que ma grand-mère comme épouse.

Depuis trois ans, je n'ai plus trop le droit de sortir seule. Si je dois sortir, cela doit être pour une raison précise. Sinon, je suis presque toujours escortée par l'un de mes frères. J'ai deux frères aînés, un petit frère et une petite sœur, la petite dernière de la famille, ma petite fée, Yasmine, mon rayon de soleil. Elle aussi est très belle, et sera sûrement une femme magnifique. Nous tenons de notre héritage berbère une peau un peu plus claire que celle des autres Tunisiens, et des yeux également plus clairs, bleus pour ma mère, verts pour les miens, gris-bleu pour ma sœur et vert foncé pour mes frères. Depuis quelques générations, mes ancêtres se sont convertis à l'islam. Je suis donc une jeune femme musulmane.

Aujourd'hui, je suis paniquée. Je veux fuir la trahison de mon père. Il y a quelques jours, j'ai assisté à une scène pour le moins inquiétante. Il parlait avec animosité avec un homme, que je n'ai vu que de dos. Il brandissait des billets. Une petite fortune, à vue de nez. Ce n'est que le soir que j'ai compris. Pour la première fois depuis ma naissance, mon père m'a regardée avec intérêt. Il m'avait même parlé gentiment.

— Tu sais que tu es jolie, Leïla ! Il va falloir te trouver un mari bientôt !

— Mais père, vous savez que je ne souhaite pas me marier. Je suis encore si jeune !

— Tu n'es pas jeune du tout ! Ta mère était déjà mariée à 16 ans ! Nous avons déjà bien assez attendu ! Et puis, ne réponds pas à ton père sur ce ton !

— Père, je ne veux pas vous offenser, mais vous savez que je ne veux pas de mari. Pas encore…

— Assez parlé pour aujourd'hui ! Nous en reparlerons dans trois jours.

Sur ce, il avait tourné les talons et était parti en claquant la porte derrière lui. Mon père ne m'aurait pas fait ça ? Non ! Comment cela est-il possible ? M'aurait-il ….

— Cécile, reviens, s'il te plaît !

C'est la voix de Safia. Je ne veux pas partir maintenant. Pourquoi arrêter mon exploration de cette vie antérieure au moment où cela devient capital ?

— Tu dois revenir. Tu n'es pas encore prête à voir la suite. Reviens, s'il te plaît, ma douce…

Je sens un liquide sur mon visage, puis sur mon torse. C'est bien de l'eau fraîche du puits. Le même puits dont se servaient les femmes de l'époque de Leïla pour faire leurs lessives. Elle se plaignait de sa température glaciale. Je la comprends maintenant.

— Ah c'est froid ! Je suis trempée ! Mais pourquoi m'aspergez-vous ainsi ?

— Je suis vraiment désolée, mais il fallait te réveiller. Ton introspection a duré plus de trois heures. Tu es extrêmement réceptive. Mais maintenant, tu dois rejoindre le groupe. Je t'accompagne. Surtout, fais comme si de rien n'était et reste naturelle. La guide ne m'inspire pas confiance, et son acolyte, le chauffeur de bus, encore moins. Derrière leurs sourires de surface, je les devine assez fourbes et malhonnêtes. Ne leur montre rien. Fais comme si j'étais une vieille dame à qui tu avais demandé ton chemin. Et surtout, ce soir, retrouve-moi au hammam de ton hôtel !

J'ai du mal à retrouver mon corps et mes esprits, mais la marche jusqu'au bus me permet de reprendre des couleurs et retrouver mes sensations. Peu avant de rejoindre les autres, je chuchote :

— Connais-tu le nom de mon hôtel ? Je ne m'en souviens plus et je n'ai pas le fascicule dans mon sac !

— Oui, je le connais. Je t'ai pistée. À ce soir, 21 heures précises. Arrive en maillot de bain et serviette. Tu connaîtras peut-être la suite.

Arrivée devant le bus, j'évite le regard des deux complices. Je m'installe même au fond du bus, à côté d'une touriste anglaise un peu replète. Je suis serrée, mais au moins, ici, je ne risque rien. Contre toute attente, je m'endors, comme assommée, sur ce trajet du retour, malgré les secousses fréquentes et les piaillements des autres, se racontant leurs visites. L'heure passe très vite. À 19 heures, nous arrivons devant l'hôtel. Je fonce dans ma chambre pour prendre une douche et me changer. Le haut de mon tee-shirt, heureusement sombre, est encore un peu humide.

C'est sous l'eau tiède que je réalise ce qui vient de m'arriver. Tout est chamboulé en moi. Les femmes de l'époque de Leïla étaient tellement dépendantes de la volonté des hommes… Mais qui se demandait ce qu'elles pouvaient ressentir ? Qui se souciait de leurs peurs, de leurs désirs, de leur… consentement ? Vendues comme des objets sans âme ! Quelle chance ai-je de vivre en France au XXIe siècle…

Alors que je laisse l'eau chaude détendre mes muscles, je constate que j'ai des courbatures un peu partout, surtout dans mes jambes et dans mon dos. Tout à coup, je suis projetée dans son village. Je suis cette fois une femme tout ce qu'il y a de plus ordinaire. Ni jeune ni vieille. Le bébé dans mon ventre prend de plus en plus de place. Mon neuvième enfant à tout juste 35 ans. Les routes sont cabossées et il n'y a pas d'eau courante dans les maisons. J'accompagne les femmes faire la lessive de la famille. Mon panier est tellement lourd… J'arpente avec elles les longs chemins caillouteux. Nous prenons des nouvelles de notre amie Aïcha qui s'est méchamment tordu la cheville la semaine dernière. Elles ne sont pas vraiment bonnes. Nous savons que ces entorses, non soignées, non immobilisées, font que certaines d'entre nous boitent à vie par la suite. Voilà pourquoi cette corvée est souvent confiée aux jeunes femmes encore alertes. Laver les habits sales des hommes, cela me rebute. Je ne les aime pas. Eux non plus. Il n'y a pas d'amour dans notre vie… Et cette eau glaciale du puits qui gerce nos mains ! Nous avons beau passer de l'huile d'amande douce dessus après les séances hebdomadaires, rien ne calme ces cicatrices de nos mains et de nos esprits. J'ai mal au dos.

Sans prévenir, je me retrouve dans mon corps, dans la salle de bains d'un hôtel offrant tout le confort possible et imaginable. Je bénis mon époque tout en étant de plus en plus consciente de ce qu'ont vécu nos aïeules. La contraception, l'accès à l'eau courante, à l'électricité, au confort même le plus rudimentaire étaient tellement éloignés et absents de leurs vies.

Le hammam de ce soir me fera sûrement du bien, même si j'y vais surtout pour découvrir la suite de l'histoire de Leïla. Où courait-elle ainsi ? Vers qui ? Vers quoi ? Vers sa liberté ? C'est le revers de la médaille de l'intelligence et de l'ouverture intellectuelle de ne pas vouloir se soumettre à des rites ou traditions injustes. Et son grand-père tant aimé, si elle allait vers lui, que pouvait-il faire pour elle, n'étant pas son père ? La voix de Safia bourdonne dans mes oreilles :

« Tu te poses tant de questions ! Laisse venir les choses et accepte de ne pas tout maîtriser. Reste ouverte à tous les signes qui se présentent à toi. »

Je n'oublie pas de prendre le mouchoir avec le motif berbère de Safia dans la poche de mon pantalon. Le repas du soir est succulent. Nous goûtons aux spécialités locales qui me ravissent. Il est vrai que je n'ai presque rien avalé depuis ce matin, que j'ai beaucoup marché et que j'ai vécu une expérience hors du commun. Cela a fini par ouvrir mon appétit. Nous nous souhaitons tous une bonne soirée et, sans attendre, je vais chercher mon maillot et ma serviette afin de me rendre au hammam. Il est déjà 20 h 45.

Safia est déjà prête et m'attend. Je la découvre enfin sans voile. Elle est indéniablement de toute beauté.

— Le hammam est vide, me dit-elle. Nous avons beaucoup de chance. Les autres doivent être occupés à remplir leurs valises et à se reposer avant votre départ à l'aube demain. C'est très bien ainsi. Nous ne serons pas parasitées par des présences étrangères.

— À vrai dire, je crois que le hammam n'a pas un grand succès. Ce n'est certainement pas plus mal.

— Entrons, maintenant. Laisse ta serviette ici. Tu comprendras vite pourquoi.

Dès la porte franchie, je suis happée et assaillie par l'humidité du lieu et je peine à trouver ma respiration. Il ne me semble pas avoir ressenti cela aussi intensément que dans celui-ci. La pièce est plongée dans un brouillard épais, opaque et presque surnaturel. Je distingue à peine le corps de Safia. Des essences de rose et de jasmin parfument le lieu. Je suis déjà ailleurs. Je m'installe sur un banc et comprends qu'il faut respirer lentement et avec calme, sans paniquer.

— Le hammam purifie le corps et l'esprit, dit Safia. Nous ne sommes pas venues ce soir pour faire les soins du corps, mais pour entrer en transe et découvrir la suite de l'histoire de Leïla. Prends le temps de t'habituer à la saturation en eau de la pièce. Il est normal de transpirer. C'est même le principe premier du hammam. Je te laisse te détendre, et quand je te sentirai réceptive, je t'emmènerai dans le village de Leïla.

Je n'ose pas lui dire que je l'ai visité deux heures plus tôt sous ma douche. Au bout d'un moment, comme promis par Safia, mes muscles se détendent et mon mal de dos, tout comme mes courbatures, s'évaporent pour ne laisser place qu'à une plénitude bienfaisante. Je me sens flotter, un peu comme lors de ma première visite de Leïla devant ce mur à Erriadh.

— Eh bien, dis-donc, tu es une rapide, toi ! Un peu comme Leïla. On peut dire qu'elle t'aura légué sa vivacité d'esprit et de corps. Tu savais que nous héritions de bribes de nos vies antérieures, et que nous ne sommes qu'un tout petit fragment de l'univers ?

— Je l'ai toujours ressenti, en effet. Ces impressions de déjà-vu, qui me font sursauter à chaque fois, ces rêves très réalistes où je me retrouve dans la peau d'autres personnes, ces flashs, ces réminiscences de souvenirs étrangers à ma vie actuelle… C'est donc cela l'héritage de nos anciennes vies ?

— Tu as tout juste, Cécile. Tu es une vieille âme et de nombreuses vies ont déjà parcouru ton chemin. Des hommes, des femmes, des enfants même, car certaines vies ont été très courtes. Des vies heureuses, d'autres moins. Des vies inintéressantes, d'autres palpitantes. C'est ainsi pour beaucoup d'entre nous. Actuellement, il te reste encore à apprendre et à te libérer de poids qui ne t'appartiennent pas. Je pense d'ailleurs que ce voyage n'est pas anodin.

Une question me taraude l'esprit depuis hier. Je la regarde droit dans les yeux :

— Qui êtes-vous, Safia ?

— Je te le dirai à la fin de ta transe, si tu ne l'as pas deviné toi-même. Maintenant, retourne dans les sensations de ton corps et écoute les battements de ton cœur. C'est par lui que tu vas reprendre ton expédition. Quand tu seras prête, j'arrêterai de parler. Nous nous retrouverons à la fin, et je te promets que cette fois, je ne t'aspergerai pas d'eau glacée et je te laisserai le temps.

Je souris en pensant à sa tête toute désolée lorsque j'ai ouvert les yeux devant ce mur. Elle a dû s'inquiéter, la pauvre. Il faut que je maîtrise mieux mes passages entre le présent et ma vie actuelle, et le passé dans le corps de Leïla. J'espère y parvenir plus facilement cette fois-ci.

— Mais tu n'as plus besoin de moi, tu y es déjà !

Je cours, je suis épuisée, mais j'ai cette force de vie qui me pousse en avant. Comme une rage sourde, l'énergie du désespoir. J'ai peur. Ma petite sœur Yasmine me rejoint sur la route principale du village.

— Où allons-nous, Leïla ? me demande-t-elle.

— Chez grand-père Abdel ! Dépêchons-nous, je ne veux pas que père nous rattrape ! Cours avec moi, petite furie, si tu le veux. Sinon, rentre à la maison, et garde le silence !

— Je viens avec toi !

— Merci, petite sœur. Je me sens si seule…

Nous courons encore et encore. La case de grand-père se situe à l'écart du village, et il faut une bonne heure de marche pour nous y rendre. Je me dis qu'en courant, je mettrai la moitié du temps. Je suis consciente que nous sommes peut-être en danger en milieu hostile. Mais qu'importe ! Il faut qu'il me sorte de là ! Mon père, ce traître, ce vendu, cet homme cupide et vénal, me prépare un destin dont je ne veux pas.

Je suis prête à fuir ma vie, mon village, mon pays. Tout mais pas un mariage avec un homme que je n'ai aperçu que de dos. Il m'a semblé reconnaître sa stature, mais je regarde si peu les hommes que je n'avais pas prêté attention à lui avant. Il est mince et paraît jeune. Pourquoi veut-il m'épouser, moi ? Grande enfant libre comme l'air ? J'aimerais à cet instant me transformer en oiseau. Ils sont libres, les oiseaux, ils n'ont pas d'entraves, de boulets imaginaires qui les lient à leur condition de genre, et à la folie des hommes qui veulent les maîtriser. Ils ne sont pas en cage, eux. Ils volent et s'échappent de ce monde autant de fois qu'ils le désirent, en prenant de la hauteur. Si j'étais un oiseau, je me verrais bien en colombe blanche, symbole de paix et d'amour. J'ai mal au cœur, aux jambes, à mes pieds nus qui se blessent sur les pierres de ces chemins de l'enfer. Mais je continue. Yasmine ne me lâche pas. J'aimerais qu'elle soit un oiseau elle aussi. Qu'elle ne subisse pas plus tard sa condition féminine. Elle est tellement belle et fine, ma beauté !

Enfin, nous arrivons devant la case délabrée de Grand-Père. Nous sommes épuisées et ruisselantes de sueur. Il nous intime d'entrer rapidement et nous sert une tasse de thé à la menthe tiède. Ma petite sœur a droit à un beignet qu'elle dévore avec un appétit féroce.

— Grand-père, sors-moi de là ! Je suis effrayée. Je ne veux pas de mari. J'ai tellement peur…

— Ma colombe, je ne peux hélas rien pour toi. Mon corps prend un coup avec cette funeste nouvelle. Vais-je y survivre ? Je ne peux rien pour toi, ma grande… Je ne suis pas ton père. Je n'ai aucun poids sur les décisions de ton père… J'ai tellement prié Allah pour qu'il prenne pitié de toi et de toutes les femmes. Je déteste cette injustice. Mais mes prières sont restées vaines, et le côté vénal de ton père a pris le dessus. Cet homme, ton futur époux, doit te désirer, car il a donné une sacrée somme à ton père pour te…

— Posséder ? Me soumettre ? M'avoir sous sa domination ?

— Ou t'aimer, qui sait ? Au fond, je m'en veux de t'avoir donné un accès à la culture et à la lecture. Tu es tellement différente des autres femmes… Peut-être est-ce cela qui a attiré cet homme, tu ne penses pas ?

— Jamais je ne lui dirai que je sais lire ! C'est notre secret !

— Petite colombe, seul ton père est assez aveugle et idiot pour ne pas le deviner. Je ne peux pas t'aider, mais je peux rester près de toi. Je promets de te rester fidèle quoi qu'il arrive.

— Grand-père ! Je ne suis pas prête à vivre une vie d'esclavage ! Je veux avoir du temps pour moi, pour lire, pour rêver, pour marcher, pour observer les animaux. Je ne veux pas avoir tant d'enfants que je n'arriverai même pas à récupérer entre chaque grossesse, accouchement, allaitement. Si je ne veux pas de mari, c'est pour ne pas subir cette condition.

— Hélas, Allah t'a fait naître fille… Je suis tellement triste pour toi…

Des larmes coulent le long de ses joues. C'est la première fois que je vois Grand-Père pleurer. Je ne sais comment réagir. Je prends la parole :

— Je vais obéir à père et épouser cet homme que je n'ai jamais vu. Mais sache que jamais de ma vie je ne l'aimerai !

— Ne dis jamais « jamais », ma petite. La vie réserve parfois des surprises.

Sans plus attendre, je rentre chez moi avec Yasmine. Nous arrivons à la maison à temps pour préparer le repas. La cérémonie aura lieu demain. Je suis dévastée. Je n'ai plus de larmes dans mon corps, alors je m'endurcis et je vis en automate. Ainsi, ils auront choisi pour moi. Une vie de servitude, de violence peut-être, de douleur. Je veux mourir.

Nous y sommes. Mère et les femmes du village me déguisent pendant trois jours et trois nuits. C'est un mariage traditionnel musulman. Sauf que mon esprit s'est détaché de mon corps. Je les regarde de loin. Je suis ailleurs, dans le ciel. Je suis un oiseau. La nuit de noces approche et je ne sais pas comment je vais réagir. Brahim, mon mari, est très beau et quelque chose me touche en lui. Il est différent des autres hommes. Je dois même avouer ne pas être insensible à son charme. Dans une autre vie peut-être, aurions-nous eu le temps de nous fréquenter ? D'apprendre à nous connaître ? Même s'il semble attentionné, je ne suis pas dupe : ce soir, il voudra sûrement consommer le mariage, et moi, je perdrai à jamais mon innocence.

Nous y sommes. Brahim me couche avec une délicatesse infinie sur le lit. Je ne suis plus là. Je suis terrorisée. Je tremble de tous mes membres. Je m'attends à ses assauts brutaux et à la douleur. Je dois pourtant avouer que je me sens rassurée à côté de lui. Il est beau, fin, raffiné, et il sent bon. Brahim est un homme bon, je le sens. Pour la première fois, il me parle vraiment :

— Leïla, je ne veux pas que ça se passe comme ça. Je ne suis pas un sauvage. Je t'aime tant. Tu es… différente des autres. Tu brilles, tu étincelles. Tu n'as pas besoin de cacher que tu sais lire, je l'ai deviné. Non seulement tu es belle, mais tu as quelque chose en toi qui me fait chavirer. Une sensibilité, un côté sauvage, une intelligence indéniable. Nos enfants seront non seulement beaux mais aussi intelligents, grâce à toi. J'attendrai le temps qu'il te faudra. Nous avons une vie devant nous. Je n'ai que faire de leurs traditions ! Ils veulent du sang sur les draps ? Qu'à cela ne tienne ! Je me couperai un peu sur la jambe et ils seront contents. Il en faut peu pour contenter les faibles d'esprit. Les femmes vont hurler et les hommes vont savourer leur victoire. Mais moi, je ne suis pas comme eux ! Leïla, me crois-tu ?

— Je ne crois plus personne. Mais je te trouve en effet plus doux et prévenant que les autres. N'as-tu pas envie de consommer le mariage, comme auraient fait les autres ?

— J'en ai envie, bien sûr, mais uniquement quand tu seras prête. J'attendrai.

Je suis abasourdie. Il ne va donc pas me violer avec acharnement, comme ce fut le cas pour tant d'entre nous. Je décide de me laisser aller sous ses caresses. Quelque chose se réveille en moi. Un désir, une chaleur, un partage…

— Cécile, il est temps de revenir ! La suite ne t'appartient pas. Tu en sais déjà assez.

— Leïla se sentait en confiance avec Brahim. C'était beau, malgré le contexte dur de sa vie et la trahison de son père.

— Tu me demandais tout à l'heure qui j'étais. N'as-tu pas deviné ?

— Es-tu la réincarnation de mon grand-père Abdel ? Cela expliquerait tant de choses…

— Non, petite fée, cherche encore.

Mais bien sûr…

— Es-tu alors… une vie future de…

— Tu as deviné. Je t'ai aimée de tout mon cœur. Hélas, tu n'as pas survécu à ton premier accouchement, à seulement 18 ans. Six mois après notre mariage, tu es tombée enceinte et nous nous étions promis d'élever cet enfant et les suivants avec respect et amour. Car ils seraient tous et toutes le fruit de notre amour si pur. L'accouchement fut atroce. Tu es partie en me disant à quel point tu m'avais aimé. Notre petite fille, Amel, n'a pas survécu non plus. J'ai été fou de chagrin. Notre année de vie commune a été un enchantement. Nous nous sommes désirés, aimés, respectés. Je me suis promis de te retrouver par la suite.

Safia livre ses paroles, comme si elle était elle aussi possédée par Brahim. Elle sourit maintenant, libre et soulagée.

— C'est chose faite. Je vais pouvoir guérir de ma culpabilité.

— Mais tu n'y étais pour rien. Les accouchements sont parfois risqués. J'en sais quelque chose… Et à cette époque, encore plus. Tu ne peux pas garder cette blessure en toi. Leïla est partie en étant aimée. Elle a vécu 15 mois d'amour, de passion et de fusion.

Un flash vient à moi. Je me revois devant ce mur avec la fontaine peinte. Je sais maintenant qui l'a peinte.

— Safia, la fontaine, c'est Brahim qui l'a peinte. Il a choisi le mur le plus sale et délabré comme symbole de la noirceur de son époque et des esprits fermés. La fontaine, lumineuse et éclatante, était censée me représenter, ou plutôt représenter notre amour et même notre petite fille.

— C'est bien cela. Il a transformé son chagrin en art. Il a mis l'énergie de son désespoir dans cette peinture, afin de te garder près de lui. Tous les jours de sa vie, il est venu se recueillir devant.

Safia laisse passer quelques minutes. Puis elle reprend la parole :

— Notre voyage est fini. Tu vas pouvoir rentrer chez toi et garder cela gravé en toi. Mais ne t'attache pas trop aux détails. Cherche plutôt à honorer la vie de Leïla, femme musulmane du XIXe siècle.

— Je te le promets, Safia. Je ne pourrai jamais l'oublier.

Cécile Ducomte

Nyamulagira

Arnaud Dangoisse

Il était près de 10 h du matin et il faisait bon sur le tarmac, tandis qu'au milieu de quelques rares touristes, je marchais à même la piste pour rejoindre l'unique bâtiment qui regroupait tous les services de l'aéroport de Kigali. J'avais quitté mon travail sans avoir eu le temps de me changer et je débarquais ici comme une fleur, un peu fripée certes par une nuit de traversée céleste pas des plus confortables, mais déjà prête à m'ouvrir sous les rayons du soleil équatorial. Mais bon, l'amour se fiche pas mal de ces détails faussement matériels.

J'avais rencontré Marc l'été précédent, j'avais plongé dans la profondeur de ses affolants yeux bleus et je n'avais rien vu venir. Nous avions passé deux mois formidables à nous découvrir, à boire des verres, à traîner sous la couette et à déambuler dans les rues de Paris. J'étais amoureuse. Et la réciproque était vraie également. Malheureusement, il partait, service national oblige, pour deux ans en Afrique, dans un petit pays dont personne autour de moi n'avait entendu parler. Le Rwanda.

Je m'étais rancardée sur le sujet et j'avais accumulé quelques connaissances sur ce petit État enclavé de l'Afrique de l'Est. Question climat, c'était le top ! Ni trop chaud, ni trop humide, le climat idéal quoi. Sans doute l'altitude. À 1 000 ou 2 000 mètres, l'air était plus respirable ! Question ethnies, c'était simple : il y avait une majorité de Hutus pour une minorité de Tutsis et quelques invisibles Batwas, des pygmées, dissimulés dans la forêt primaire, la forêt de Tarzan. La seule notoriété dont pouvait s'enorgueillir cette région provenait des gorilles, et cela grâce à la mise en lumière de Dian Fossey, la célèbre primatologue, qui avait été assassinée dans des circonstances obscures. La Warner Bros n'avait pas attendu longtemps pour envoyer une équipe de tournage et raconter l'histoire de cette femme incroyable qui prenait les traits de Sigourney Weaver dans cette production américaine. Le film n'était pas encore sorti mais on en parlait déjà beaucoup. J'avais suivi ça de loin, avais lu quelques articles, sans plus.

Sitôt récupéré ma valise sur le tapis roulant, je sautai dans les bras de Marc qui m'attendait avec impatience. 4 mois. Ou presque. Depuis Noël et sa merveilleuse visite surprise ! C'était long pour des cœurs et des corps en ébullition comme les nôtres. Le lien n'avait pas été interrompu grâce au fil de l'écriture de nos lettres quotidiennes, mais l'encre ne remplace pas le feu de la chair. Nous avions hâte de rattraper le temps perdu. La valise fut vite calée dans le coffre du 4x4 et nous prîmes la route, la seule bitumée de frais qui menait vers le Sud, à la ville universitaire, Butare.

Quelques kilomètres après avoir quitté la capitale, je compris très vite pourquoi l'on surnommait cet endroit le pays aux mille collines. Le sillon asphalté s'inspirait du tracé des montagnes russes et nous escaladions aussi bien que nous dégringolions les mamelons qui s'offraient à notre appétit de voyage. Pour moi qui débarquais tout juste de la civilisation parisienne, c'était un véritable enchantement. Les verts d'une végétation épanouie tranchaient avec l'ocre et la rouille des pistes qui la traversaient. Des buissons de bananiers s'ébrouaient çà et là. Des arbres majestueux prenaient le pouvoir sur des grappes de huttes qui poussaient un peu partout. C'était magique et délicieusement dépaysant.

Il nous fallut presque deux heures pour rejoindre notre destination. Gitarama. Nyanza. Et enfin Butare. La case de Marc nous accueillit et nous n'y fûmes pour personne pendant deux jours, le temps nécessaire pour nous retrouver, explorer nos failles, ravir nos sens et ancrer nos souvenirs. Instants de grâce, moments inoubliables.

Quand nous mîmes le nez dehors, il faisait beau, c'était une habitude ici, et nous nous promenâmes le long des rues fauves de la ville qui étendait en longueur ses ramifications sur plusieurs kilomètres. Marc avait quelques idées sur les explorations que nous pourrions mener pour nous affranchir de la diversité de cette région. Si nous descendions plein sud, la route menait à Bujumbura, capitale balnéaire du Burundi, pays voisin et jumeau inversé où les Tutsis régnaient en maîtres. Si nous retournions au nord, le parc de l'Akagera nous livrerait ses secrets. Mais, pour démarrer notre circuit, il avait quelque chose d'inédit à me proposer, quelque chose réservé aux aventuriers, aux baroudeurs : escalader un volcan ! J'étais en même temps excitée et aussi un peu inquiète, car cela représentait une excursion de plusieurs jours. Prête cependant à relever le défi. N'étant pas très aguerri à ce genre de sport, Marc avait donné rendez-vous à de vieux briscards, habitués à rouler leur bosse sur les sommets de ce toit du monde. Goma. C'est du côté de cette préfecture située au nord du Kivu, au Zaïre, à la frontière avec le Rwanda, que nous devions nous retrouver. C'était à une journée de voiture.

Après avoir préparé nos sacs et fait quelques emplettes, nous embarquâmes dans la Suzuki tout terrain. Nous arrivâmes en fin de journée et retrouvâmes les amis de Marc dans un hôtel miteux comme il en existe beaucoup, dans la proche banlieue de cette ville frontière. Ils étaient trois, abordaient ou dépassaient la cinquantaine et ressemblaient à ce qu'ils étaient : des bourlingueurs de l'Afrique.

Nous passâmes la soirée au bar, à nous divertir de brochettes de chèvres et de bière locale. Ils nous firent part de leurs nombreux exploits et donnèrent quelques informations sur ce qui nous attendait le lendemain. Ils n'en étaient pas à leur premier coup d'essai. Je n'étais pas très à l'aise, nous dénotions dans le paysage, des Blancs perdus au milieu d'une cohorte de peaux d'un noir prononcé. Je sentais les regards des hommes, seule femme dans ce territoire masculin, livrée à l'imagination de ces paysans qui ne devaient pas avoir souvent l'occasion de croiser une Européenne, surtout ici, dans ce tripot sombre et odorant. À l'autre bout du zinc où nous étions accoudés se tenait un Rwandais aux yeux déjà jaunis par la boisson. Il semblait nous observer et nous jetait des regards furtifs, à l'affût de notre conversation. Après un long moment, il se leva et vint nous saluer :

— Muraho. Quoi venir faire dans cette région ?

— Muraho, fit Paul, qui semblait le plus expérimenté d'entre nous. Nous sommes là pour le Nyamulagira. Demain.

— Ah ! Experts volcans ? Vous aimer les éruptions ?

— Non, pas du tout. La seule chose qui nous intéresse, c'est la balade pour parvenir tout en haut, c'est la curiosité qui nous pousse et le goût de la quête.

— Oui, belle promenade.

— Vous connaissez ce géant ?

— Métier à moi, escalader sommets et en redescendre. Beaucoup par ici.

— Ah ! Et qu'est-ce que vous nous conseilleriez ? On pensait partir deux jours, mais il semble que ce serait plus confortable sur trois.

— Ascension ? Pas de problème, pentes pas trop raides. Mais pas facile marcher sur champs de lave.

Il se tourna soudain vers moi et me fixa intensément :

— Toi, Madame, monter là-haut ? me lança-t-il de but en blanc.

Je soutins son regard mais ne répondis pas. Il y avait quelque chose de malsain qui émanait de ce robuste Rwandais. Je ne le sentais pas du tout. Mais je devais être la seule à ressentir cela, car Paul s'empressa d'ajouter :

— Ne vous inquiétez pas pour elle, elle nous suivra *(Qu'en savait-il le bougre ? On se connaissait depuis à peine deux heures !!!)*. Mais dites-nous plutôt. Est-ce que cela vous dirait de nous accompagner ? Vous avez l'air de bien vous y connaître. Une équipe nous attend sur place, mais je ne sais pas du tout ce qu'elle vaut. Et puis ce sont des Zaïrois. Et ces gens sont capables de tout pour nous extorquer des fonds.

L'homme resta silencieux un moment. Puis il reprit :

— OK, mais toi donner quelque chose pour ça.

— Voilà cent francs rwandais et je te paie ta nuit à l'hôtel.

Un large sourire éclaira le visage de notre nouveau guide et il offrit une large main que Paul s'empressa de serrer. Par esprit de curiosité, mon compagnon demanda :

— Quel genre d'animaux peut-on rencontrer sur les pentes du Nyamulagira ? Y a-t-il des gorilles, par exemple ?

Si cela était possible, je vis à cet instant la mine de notre interlocuteur s'assombrir. Il semblait d'un seul coup sur la défensive.

— Pas gorilles là-bas, déclara-t-il brusquement. Mais peut-être éléphants, babouins ou panthères…

Soudain, l'ampoule qui pendait au-dessus de nos têtes se mit à crépiter et cessa subitement de nous éclairer, imitée en cela par toutes les autres lumières de la salle. Nous nous retrouvâmes plongés dans le noir en quelques secondes.

— Que se passe-t-il ? demandai-je fébrilement.

— Oh ! Une simple coupure de courant, commenta Paul, cela arrive souvent. Le groupe électrogène, sans doute…

Le patron des lieux, visiblement habitué à ce genre de panne, avait sorti une vieille lampe tempête de sous le comptoir et il l'alluma d'une allumette craquée à la hâte. Je fus soulagée de retrouver un peu d'humanité à la disparition des ténèbres et fus la première à m'apercevoir que quelque chose n'allait pas :

— Mais… où est-il ? Il a disparu…

Je parlais évidemment de notre nouveau guide.

— Il a dû aller se coucher pour être en forme demain matin, suggéra Louis, celui des trois que Marc connaissait le mieux.

— Mais il ne sait même pas à quelle heure on part, on n'en a même pas parlé… m'exclamai-je.

— Il n'est pas né de la dernière pluie, les départs se font souvent à l'aube. Et puis, tout se sait ici. Ne vous inquiétez pas, il sera là demain.

Je ne m'inquiétais pas. Pas pour ça, en tout cas. Mais cet individu me revenait de moins en moins. Je me demandais même si ce n'était pas lui qui avait provoqué cette obscurité. Mais pour quelle raison ? Là-dessus, nous allâmes nous coucher.

Notre chambre était vaste mais rudimentaire. Un lit spacieux nous attendait, mais les draps confectionnés dans un tissu proche de la toile d'émeri nous dissuadèrent de toute idée déplacée. Cela et la proximité des autres chambres. Le plus urgent était de trouver le sommeil. Moins délicat que moi sans doute, j'entendis Marc sombrer, quelques minutes à peine après nous être embrassés. Je restai là longtemps, allongée sur le dos, à explorer les fissures qui entaillaient le plafond. Je n'arrêtais pas de penser à cet étrange personnage. Son visage me revenait en boucle. Que cherchait-il ? Et pourquoi avait-il disparu de cette manière aussi inattendue ? Sa présence dans notre petite expédition ne me rassurait pas. Mais j'étais une touriste ici, je me faisais sans doute des idées car ce peuple m'était inconnu. J'essayai de conserver cette idée et parvins finalement à m'endormir. Mais cela ne soulagea pas mes doutes, car je fus hantée par des personnages angoissants et menaçants. Ils avaient des mines sombres, partaient dans des rires lugubres, m'observaient de leurs petits yeux jaunes. À un moment, je me retrouvais isolée et entourée par une horde de créatures effrayantes. Elles se rapprochaient dangereusement, resserraient leur étreinte sur moi, j'allais sans doute finir par disparaître, happée, dissoute dans cette macabre danse où les danseurs avaient des allures de tueurs en série. Je me réveillai en sursaut. La fièvre m'habitait. Je frissonnais.

Ma fin de nuit fut à peine plus calme, et c'est au moment où un peu d'apaisement me gagnait qu'il fallut se mettre debout. Nous nous habillâmes mécaniquement, encore engourdis par la torpeur de cette pause nocturne. Un rapide café avalé sans fioriture et nous nous retrouvâmes dehors. Les premières lueurs déchiraient déjà un ciel partagé entre nuages et limpidité. Paul était allé chercher son véhicule et Marc l'avait imité. Quand ils revinrent, un homme était assis derrière notre ami. C'était lui. L'individu qui habitait mes pensées depuis qu'il s'était immiscé dans notre petit groupe paraissait somnoler sur la banquette arrière, sans autre considération à notre égard. Comme s'il voulait s'effacer et voyager incognito. Tant mieux.

Même si nous ne partagions pas la même voiture, cette attitude me convenait. Et s'il avait pu disparaître totalement, je me serais sentie plus légère. Mais l'heure n'était pas à la torture mentale. Chacun chargea son matériel à l'intérieur des 4x4 et nous prîmes le départ.

Première étape : passer la frontière. Le poste de garde à l'entrée de Goma était succinct. Une cabane en bois et une barrière. Les douaniers rwandais étaient réputés pour être pointilleux. Mais dans ce sens-là, il y avait lieu de penser qu'ils ne nous feraient pas d'histoires. Nous étions juste derrière la Land Rover de Paul et j'observai les réactions du type qui faisait partie de l'équipe depuis hier soir. Il ne me semblait pas tranquille. Rien de très flagrant. Une sensation. J'avais l'impression qu'il se ratatinait légèrement sur lui-même. Voulait-il passer inaperçu ? Nous cachait-il quelque chose ? Un frisson désagréable me parcourut tout entière. Quel meilleur endroit que de passer la douane dans un véhicule occupé par des Blancs ? On donnait en effet davantage de crédit à des Européens qui allaient faire un peu de tourisme dans le pays voisin qu'à des Rwandais dont les motivations auraient pu paraître plus douteuses. Finalement, si cet homme-là avait des intentions peu avouables, quelle était la possibilité pour qu'il nous ait manipulés ? Je chassai vivement ces pensées qui heurtaient ma sensibilité, car le garde-barrière avait décidé d'un geste magnanime de nous laisser passer sans plus de formalité. Aux Zaïrois de prendre leurs responsabilités, se disait-il sans doute. Sauf que pour ceux-là, l'exigence du devoir s'effaçait devant l'urgence de leur propre survie. Le gouvernement ne parvenait pas en effet à s'acquitter de son devoir et ne fournissait plus aucun salaire depuis des mois, les caisses de l'État étant exsangues.

Au second arrêt, Paul lâcha donc quelques billets, histoire de gagner du temps, car les palabres pouvaient durer des heures selon les désirs des gardes. Cela nous permit de franchir la frontière sans problème. Alors je vis notre guide se redresser et se mettre à parler avec beaucoup d'enthousiasme à ceux qu'il accompagnait. Je n'avais aucune idée de ce qu'il pouvait leur raconter, mais j'assimilai cela au soulagement qui suit une épreuve un peu difficile : on éprouve le besoin d'échanger, simplement pour évacuer un trop-plein de stress, pour faire retomber la pression. Est-ce que je me trompais ? Et sinon, qu'est-ce que cela voulait dire ?

Nos deux véhicules traversèrent Goma et se retrouvèrent rapidement sur une piste caillouteuse et poudrée d'une poussière rougeâtre. Nous parcourûmes ainsi la vingtaine de kilomètres qui nous séparaient de l'entrée du parc où nous attendaient notre équipe de porteurs ainsi qu'un garde avec un fusil, pour nous prévenir des bêtes sauvages, nous dit-il. Nous fîmes le point sur le matériel que nous emportions : une tente, un réchaud de camping, de la nourriture pour trois jours. Nos suiveurs avaient leurs propres besoins. Il y avait également les sacs à dos dont ils devaient se charger. Chacun savait ce qu'il avait à faire, les affaires s'envolèrent au-dessus des têtes et la colonne se mit en route, traçant un sillon chamarré dans cet océan vert, notre guide à l'étrange comportement en tête.

La première partie de l'ascension fut relativement tranquille. La forêt nous entourait et le terrain était plutôt plat. Une sorte de préliminaire avant les véritables difficultés. Vers midi, nous fîmes halte pour nous rassasier d'aliments froids. Puis la troupe se remit à l'assaut du volcan. La pente se faisait peu à peu plus exigeante. Les traces d'anciennes éruptions apparurent, de plus en plus nombreuses. Au milieu de l'après-midi, ce furent des champs de lave refroidie qu'il fallut traverser. Ce passage-là fut très compliqué pour mes pauvres chevilles. Sans doute n'étais-je pas équipée des chaussures adéquates, mes baskets faisant piètre figure dans ce décor apocalyptique. J'y laissai mes forces les plus vives et je ne serais sans doute pas allée plus loin si Marc ne m'avait pas soutenue et même portée par endroits. Le relief se faisait plus violent, plus imprévisible aussi. Alors que le sentier que nous empruntions flirtait avec des ravins qui faisaient penser à des trous d'obus, je glissai soudainement et faillis bien me retrouver tout au fond de l'un d'eux si mon compagnon ne m'avait pas retenue in extremis par le fond de mon pantalon. Bien lui en prit, car j'échappai de justesse à la dégringolade dans un marigot qui pouvait bien abriter quelque animal sauvage. Sans compter les plantes vénéneuses auxquelles j'aurais pu essayer de me raccrocher pour me sauver et qui n'auraient pas manqué de m'empoisonner, ou pire, de me faire trépasser. C'est donc avec un grand soulagement que j'accueillis la fin de l'après-midi et la nouvelle que nous allions nous installer pour la nuit et déployer notre campement ici, dans une zone encore boisée, au pied de ce colosse au versant escarpé. La concentration des obstacles liée à ce terrain accidenté avait fait que toutes mes pensées avaient été dirigées en faveur de ma protection. Mais à présent que nous étions arrêtés et à l'abri de tout danger – du moins le croyais-je – voilà que revenaient en boucle les doutes qui m'avaient assaillie au sujet de notre guide rwandais.

Nos porteurs avaient commencé à tracer un grand foyer où ils s'évertuaient à disposer des bouts de branchages qu'ils avaient assemblés pour former une sorte de tipi avec, en son cœur, un petit tas de brindilles et de mousse auquel ils mirent le feu. Les flammes s'emparèrent doucement de leur offrande, et quelques minutes après, un brasier s'était constitué. Alors, les hommes s'assirent en cercle et des discussions s'engagèrent en même temps qu'on alimentait la fournaise dont les braises seraient utiles ensuite pour faire cuire la viande. L'appel de la chaleur – la fraîcheur de la nuit qui commençait à tomber incitait l'humidité à reprendre ses droits – tout autant que la lumière et le besoin d'être ensemble firent que je me glissai au milieu d'eux. Je ne comprenais pas grand-chose aux discussions, on parlait swahili, kinyarwanda et parfois des bribes de français qui résonnaient étrangement dans ce décor imposant. À un moment, je sentis vibrer la voix rauque de mon voisin de droite. Je sursautai. C'était lui. Notre inquiétant manipulateur. Sans y prendre garde, je m'étais assise à côté de lui. J'essayai de me concentrer sur ce qu'il disait. Il devait sans doute raconter un de ses exploits, un de ces périples qui devaient composer sa vie quotidienne. Mais je le vis soudain se lever et marteler sa poitrine avec de grands coups de poings, comme s'il cherchait à imiter les gorilles. Oui, c'était sans doute cela qu'il devait raconter, sa dernière rencontre avec les grands primates. Mais aussi subitement qu'il s'était levé, il se rassit, sa voix se fit plus grave, son visage plus sombre. Je distinguai quelques mots… Nyiramachabelli[2]… umurozi[3]… madamu Fossey… et je devinai plus que je ne compris de qui il parlait et qu'il n'en disait pas du bien. Les traits de sa physionomie devinrent plus noirs et menaçants. Le sourire qu'il affichait jusque-là s'était transformé en une vilaine grimace. Il aurait fait peur à un troupeau de babouins. Et plus il continuait ses invectives sournoises, plus les regards de ses auditeurs se faisaient fuyants, me scrutant furtivement avant de s'égarer dans les ténèbres. Je réalisai brusquement que j'étais une femme, comme elle, cette scientifique américaine qui avait vécu parmi les gorilles. Et que je m'étais un peu isolée de mes camarades. Mais je n'eus pas le temps de pousser plus avant cette réflexion.

Il se déroula un phénomène étrange. Cela commença par un long frissonnement provenant du fin fond de la terre. Je pensai immédiatement à un tremblement de terre lié au réveil du volcan. Mais je me trompais. Au contraire, le frémissement s'arrêta. La ligne de crête formée par les premiers arbres qui nous entouraient se mit alors à bruisser, d'abord de manière imperceptible, puis de plus en plus violemment. Une longue plainte déchira la nuit africaine, c'était un cri mi-animal mi-humain, comme si la nature tout entière dévoilait à cet instant sa désapprobation. Je ne comprenais pas très bien ce qu'il se passait, mais je commençais à ressentir une insondable appréhension. Surtout que les yeux des hommes en cercle autour du brasier commençaient à vouloir s'échapper de leurs orbites à force de rouler comme des billes dans leur cavité. Sûr qu'ils comprenaient mieux que moi les messages délivrés par les forces naturelles ou peut-être oc-

---

[2] La femme qui vit seule dans la montagne.
[3] Sorcière.

cultes. Je ne connaissais rien à l'Afrique, mais ce que je découvrais n'était pas fait pour me rassurer. Mon voisin lui-même s'était tu, troublé par ces manifestations au goût de cendres. Quelle colère avait-il provoquée ? Quelles forces divines avait-il convoquées ? Heureusement, cela ne dura pas longtemps. Quelques secondes ou quelques minutes ? La notion du temps s'était évaporée dans mon esprit et j'avais perdu l'idée même du fractionnement des heures.

La réalité me rattrapa avec le retour de mes compagnons de route. Où étaient-ils passés pendant que nous assistions à ces démonstrations vibratoires ? Ils finissaient d'installer le campement, me dirent-ils, avaient aussi creusé brièvement des feuillées et sécurisé la zone. Ils avaient bien entendu senti l'onde de choc et les bruits mais avaient mis cela sur le compte du Nyamulagira et avaient choisi de prendre les choses avec légèreté. Légèreté ! Mon cul oui ! Ça commençait à sentir le roussi ici et je n'étais pas du tout tranquille. Surtout, je sentais avec une intensité renforcée que notre guide nous cachait quelque chose de plus grave qu'il n'y paraissait et que cela n'allait pas s'arranger tout seul. Je tentai de retrouver et d'articuler les mots de kinyarwada que je l'avais entendu prononcer et Paul m'en donna une traduction approximative qui confirmèrent mes soupçons. Quel lien cet homme-là avait-il avec Dian Fossey ? Les hommes prêtèrent peu d'attention à mes remarques, Marc me prit dans ses bras. C'était censé me rassurer, mais cela ne fit qu'augmenter mon taux d'anxiété. Pour m'être agréable et me permettre de me détendre, ils préparèrent le repas frugalement et me détaillèrent la suite des évènements. Le lendemain serait consacré à l'ultime ascension, jusqu'au sommet. Étant donné la configuration du terrain et le fait que nous avions installé notre camp de base, les porteurs resteraient ici à nous attendre. Ne viendraient avec nous que le garde avec le fusil et notre nouvelle recrue. C'était plus que je ne pouvais supporter. L'idée de me retrouver avec lui en petit comité était au-dessus de mes forces. Je prétextai des pieds en lambeaux —

ce qui était d'ailleurs l'exacte vérité – pour leur annoncer qu'ils iraient sans moi, que je garderais la tente. Marc était consterné.

— Tu veux que je reste avec toi ? Pour te tenir compagnie ?

— Pas du tout. Pars avec les autres, c'était ton idée, va jusqu'au bout. Et puis de toute façon, j'ai de la lecture.

C'était vrai. J'avais emmené avec moi un roman de Marie Cardinal. De quoi combler l'attente.

Je passai une nuit plus confortable et sereine que je ne l'aurais imaginée. L'équipée se mit en route dès les premiers rayons du soleil et je me mis à lire. De temps en temps, je passais la tête dehors pour vérifier que les porteurs étaient toujours là. Puis je me replongeais dans les mots de Marie Cardinal. Le midi, je mangeai rapidement un bout de pain avec une terrine en conserve, avide de connaître la suite du roman que je dévorais. Pendant ce temps, mon esprit n'était pas accaparé par de funestes ruminations.

Dans l'après-midi, j'entendis un bruit de cavalcade. Que se passait-il ? Je me levai pour aller voir mes gardiens, et ce que je vis me consterna : il n'y avait plus personne. Ils avaient déguerpi sans demander leur reste, pour une raison que j'ignorais. Quelque chose leur avait fait peur ! Je ne voyais pas d'autre explication. Mais quoi ? Face à la désolation de ce bivouac déserté, je pris la seule décision qui me semblait acceptable : je me barricadai à l'intérieur de mon abri en toile. Maigre rempart ! Serait-il suffisant pour me protéger d'un danger dont je ne connaissais pas la nature ? Je n'allais pas tarder à être fixée. Dans les secondes qui suivirent, j'entendis des grognements, puis des craquements ainsi que des frottements. On était en train d'arracher la végétation autour de moi. Qu'est-ce que c'était ? La sensation que l'on m'épiait, que l'on me humait, que l'on tentait d'obtenir tous sens dehors des indications sur moi m'envahit d'une manière oppressante. Je suffoquai. L'étroitesse de mon habitat en vase clos décuplait ce sentiment et me rendait vulnérable. Il fallait que je me ressaisisse.

Tout en me dirigeant vers le centre de mon refuge et en agrippant le piquet qui soutenait l'édifice, je me concentrai sur les bruits. Un animal ? Plusieurs, peut-être ? Et s'il décidait de passer à l'attaque ? Ce n'était pas un bout de tissu qui allait l'arrêter ! Mais j'avais une arme ! Le mât que je serrais fortement entre mes doigts pouvait facilement se transformer en une lance redoutable. Il pouvait venir, je défendrais ma peau avec l'énergie du désespoir, jusqu'à la dernière limite. Mais ce n'était pas le scénario qui était en train de s'imposer. Mes oreilles en alerte m'indiquaient plutôt que l'on était occupé à mâchouiller, à tranquillement se rassasier. Mais de quoi ? En tout cas, le repas devait être agréable, car j'entendis des ronflements de satisfaction, des râlements de plaisir. Puis il y eut un froissement qui se répéta plusieurs fois. La bête s'éloignait. Soudain, un roulement de tambour emplit la forêt. Se pouvait-il que… ? Pourtant, le guide avait été très clair : il n'y avait pas de grands singes sur les flancs de la montagne. Mais qu'est-ce que cela pouvait être d'autre ? J'attendis de longues minutes que les bruits s'éloignent, puis disparaissent. Le silence revint. Je retrouvai mon souffle. Je demeurai ainsi, dans la même posture figée, pendant encore un long moment. Et puis j'entendis des intonations de voix, des fragments de conversations. Je me hasardai enfin à ouvrir la fermeture zippée. Nos suiveurs étaient de retour près du feu. Je me hâtai d'aller les rejoindre. J'essayai bien d'avoir quelques explications, mais la barrière de la langue était trop importante. Un peu déçue, je décidai de rester avec eux jusqu'au retour des randonneurs.

Tout stress semblait avoir été évacué. Les gars avaient sorti une bouteille de vin de banane et ils buvaient directement au goulot les uns après les autres sans précaution particulière. Par courtoisie, ils m'en proposèrent. Je fus tentée de refuser, l'idée de poser mes lèvres à leur suite ne m'apparaissait pas très recommandable et me dégoûtait un peu, je dois dire. Mais la tentation de me laisser griser après cet épisode angoissant fut plus forte que ma résistance à l'hygiène. J'essuyai néanmoins le rebord du verre avant de boire. C'était sucré, chaud et suffisamment alcoolisé pour que j'en reprenne une seconde fois. La vie reprenait des couleurs. Il y eut un deuxième flacon, puis un troisième. Les esprits commençaient à s'échauffer. J'en étais même à me demander si finalement, la tente n'était pas une meilleure option pour achever cet après-midi si particulier.

C'est alors qu'il se produisit un phénomène qui resterait à jamais gravé dans ma mémoire. L'un des Zaïrois — avait-il bu plus que les autres ? — se mit à proférer des mots incompréhensibles pour moi. Surtout, le ton de ses paroles commença à monter. Puis il fut pris de soubresauts incontrôlés, de plus en plus violents, à un rythme de plus en plus rapide. Je n'étais pas vraiment habituée à ce genre de choses, mais on aurait dit qu'il entrait en transe. D'ailleurs, ses mains s'agitaient, prises par des secousses irrépressibles, comme si la maladie de Parkinson galopait dans ses veines. Les vibrations s'emparèrent du haut de son corps, jusqu'à son visage qui se métamorphosa. Au fil des secondes, son apparence changeait. Les autres le regardaient avec effarement. Visiblement, il n'était pas coutumier de ce genre de farce. La frénésie parvint à son paroxysme lorsque ses lèvres se mirent à frétiller et ses paupières à convulser. Jusqu'à quel point les spasmes allaient-ils perdurer ? Qu'allait-il naître de ce désordre physique ?

D'un seul coup, tout s'arrêta. Comme si sa musique intérieure s'était tue et que le corps se coordonnait à elle. Mais ce n'était pas fini. La forme humaine qu'avait prise le porteur prononça distinctement ces quelques mots qui résonnent encore dans ma tête :

— Allez-vous-en ! Tous ! Espèces de tueurs ! Laissez mes gorilles tranquilles ! Et prenez garde à la vengeance de la femme blanche !

Il avait parlé dans un français convenable, d'une voix blême, mais ce n'était pas une voix masculine, elle semblait provenir du corps d'une femme. Ayant dit cela, le Zaïrois s'affaissa sur lui-même et parut tomber dans une sorte d'asthénie profonde. La paix revint doucement s'installer dans nos âmes mises à dure épreuve.

Sans crier gare, la nuit s'annonçait et elle était sur le point de recouvrir ces reliefs escarpés. C'est le moment que choisirent Marc et ses amis pour faire leur grand retour. Je me précipitai à leur rencontre. Fiévreuse, j'étais sur le point de tout leur raconter lorsque je sentis à leur mine défaite que quelque chose n'allait pas.

— Qu'est-ce qu'il se passe ? Marc ? Parle-moi.

— C'est le Rwandais, celui que tu n'aimes pas…

— Oui ! Eh bien ?!

— Il est tombé dans un ravin.

— Et il est…

— Non, enfin, je ne sais pas. On était en train de redescendre, on avait eu le temps d'explorer le cratère, d'assister au spectacle des geysers qui envoyaient leur salve de manière imprévisible. On avait dérangé une troupe de babouins qui nous l'ont bien fait comprendre avec leurs cris et leur comportement menaçant. Bref, on avait vu tout ce qu'il y avait à voir, l'après-midi se terminait, on n'avait plus qu'à faire le plus facile, on en avait presque terminé avec le Nyamulagira. Et voilà que notre guide a glissé, un caillou sans doute. Mais il n'a pas su se retenir, il a commencé à dégringoler le long de la pente, de plus en plus vite, et il a fini sa course au fond d'un ravin. On ne le voyait pas tellement c'était profond et il ne répondait pas à nos appels. Paul est descendu avec une corde, en rappel, il l'a cherché partout, il ne l'a pas trouvé. C'est incroyable ! Il avait disparu !!!

— Oui, en effet, c'est incroyable ! Aussi étrange que ce qu'il s'est passé ici.

Je lui racontai en quelques mots mon après-midi et cette scène si saisissante qui venait de se produire en leur absence. Marc ne répondit pas. Il eut juste cette réflexion sidérante :

— Ça s'est passé au même moment, vers la fin de la journée…

Nous étions tous sous le choc. Le repas du soir se déroula dans un silence pesant et nous allâmes nous coucher sans commentaire.

Le lendemain nous vit levés très tôt pour partir aux premières lueurs de l'aube. Arrivés à l'entrée du parc, nous prévînmes les autorités de l'accident qui s'était produit en donnant tous les détails nécessaires pour que des recherches minutieuses puissent avoir lieu. Pour me changer les idées, Marc avait décidé de me faire découvrir Gisenyi, au bord du lac Kivu. Il avait sélectionné un hôtel luxueux, le Mercure, en se disant qu'une parenthèse douce et dorée nous ferait du bien. Je ne lui donnais pas tort, mais j'étais convaincue qu'il en faudrait un peu plus pour parvenir à me faire oublier, ne serait-ce que quelques instants, ce que j'avais vu et entendu durant cette expédition hors du commun.

Nous prîmes congé de nos amis, longeâmes le lac sur plusieurs centaines de mètres pour arriver à un bâtiment moderne et grandiose. Une fois la voiture garée sur le parking réservé aux clients, tout près des courts de tennis en quick, nous nous dirigeâmes vers l'accueil. Il y avait des fleurs partout : des magnolias, des rhododendrons, des hibiscus et aussi beaucoup de plantes grasses. L'hôtesse, charmante et très apprêtée, prit notre réservation et nous mena jusqu'à notre chambre. Celle-ci n'était pas très grande, mais le lit était gigantesque et il y avait un petit balcon qui surplombait la piscine de l'hôtel. C'était superbe. L'employée s'éclipsa, nous laissant tous les deux. Machinalement, je m'approchai de la table qui occupait la terrasse. Un journal avait été déposé là. Je ne l'avais pas remarqué tout de suite. Était-ce une intention pour notre arrivée ? Ou bien le dernier occupant l'avait-il négligemment oublié ? Je l'ouvris, par curiosité. À l'intérieur, mon regard fut attiré par un gros titre : AFFAIRE DIAN FOSSEY : DISPARITION MYSTÉRIEUSE DE L'UN DES GARDES QUI FAISAIT PARTIE DE L'ÉQUIPE DE LA SCIENTIFIQUE ! Je parcourus rapidement l'article. La police suivait une piste dans laquelle cet individu semblait jouer un rôle important. Elle était sur le point de l'appréhender pour l'interroger quand il était sorti des radars. Il n'y avait pas de photo du garde soupçonné, pourtant je compris qu'il s'agissait de notre homme. Ainsi, il avait tenté de se dérober à la justice rwandaise. Mais la justice divine l'avait semble-t-il rattrapé. À moins que ce ne fût le spectre de Dian Fossey qui avait fini par avoir raison de lui.

Arnaud Dangoisse

Le portrait des bois de Waldhouse

Carlo Sibille Lumia

Le diable lui-même aurait sans doute vendu son âme pour pouvoir l'approcher. Qu'est-ce qu'elle était belle dans cette robe aux couleurs de l'enfer ! *Si charmante, si sexy, ça cache forcément quelque chose…* Mais un secret de cette taille, comment Ugo aurait-il pu s'en douter ?

Lorsqu'elle lui a proposé de passer boire un verre chez elle, pour trinquer à son départ vers une nouvelle vie – dès le lendemain matin dans le sud de la France – le sang de ce séducteur de 25 ans n'avait fait qu'un tour. Il faut dire que les deux jeunes adultes n'en étaient pas à leur premier rendez-vous : fast-food consommé dans la voiture de son date la première fois, thermes la seconde, thermes puis fast-food la troisième… Toujours de nuit, un rendez-vous donné directement dans le bassin et deux départs anticipés, « le temps de se laver les cheveux », des repas à chaque fois consommés dans l'étrange véhicule aux vitres teintées de Jeanne, sans rétroviseurs latéraux ni intérieur. C'était donc le quatrième, celui où on conclut (pour de bon) d'habitude… Quand on ne l'a pas fait au deuxième, ni au troisième !

Pourquoi n'avait-il pas foncé tête baissée et tenté un rapprochement dans l'un des bassins à 30 degrés de l'un des complexes de cette petite cité thermale lorraine d'Amnéville ? En raison d'une sorte de mauvais pressentiment. Quelque chose clochait, même s'il avait du mal à savoir quoi. Oui, Ugo se fiait énormément à son instinct, et en général, il ne se trompait pas. Sauf peut-être cette fois au Cambodge où il avait pris par la main la plus belle créature de la discothèque huppée de Phnom Penh, où il avait ses habitudes, pour la ramener à son hôtel. Par chance, l'un des chauffeurs de tuk-tuk garé devant l'établissement avait prévenu son ami d'enfance d'origine cambodgienne, en khmer, qu'il s'agissait là d'un lady boy. Mais passons ce malencontreux épisode alcoolisé. Ugo se trompait rarement. Il avait de l'instinct. Du flair. Du pif. Cette miss, même si elle était d'enfer, ne lui inspirait pas totalement confiance. Elle cachait peut-être un petit-ami, s'était-il tout d'abord dit alors qu'elle venait de refuser pour la énième fois qu'il ne la prenne en photo. Une nana qui n'a aucune publication Instagram et qui ne se met jamais en avant en story, c'est quand même louche. *Surtout quand on a de tels arguments !* Et ce prénom, Jeanne, Ugo ne voulait pas faire la fine bouche — notamment après l'avoir vue en maillot — mais comment pouvait-on s'appeler Jeanne et avoir moins de 60 ans en 2022 ? Il avait rencontré énormément de Jeanne au cours de sa vie, professionnelle. Ugo était ergothérapeute. Des mamies de ce nom, il en avait côtoyé des dizaines, mais des comme Jeanne… Jamais ! Sinon il serait marié à une octogénaire, pensait-il le sourire aux lèvres. Voilà près d'un mois qu'ils se fréquentaient et Ugo avait respecté à la lettre l'adage « En avril, ne te découvre pas d'un fil » avec celle à qui il commençait à s'attacher malgré ses quelques réticences. Il faut dire que ce mois d'avril avait été plus ou moins compliqué pour lui, et qu'il avait même hâte d'y mettre un terme ce soir. Depuis son premier rendez-vous avec Jeanne, il ne lui était arrivé que des tuiles… Plusieurs contraventions et pannes de véhicule, un avertissement au travail pour des retards à répétition, des comptes sur les réseaux sociaux piratés, une grosse chute et une coupure à la main qui lui avaient respectivement valu plusieurs jours de douleur et points de suture, la mort de son chien, Yoga, une mauvaise nouvelle avec le cancer de l'un de ses copains d'enfance…Ugo était à bout, et avait besoin d'un peu de réconfort. Cette petite soirée improvisée en tête-à-tête tombait à pic.

Ce soir, il comptait donc faire fi de ses intuitions négatives et passer à la vitesse supérieure chez cette dernière. Après tout, sinon, pourquoi l'aurait-elle invité chez elle ? Et pourquoi aurait-elle enfilé cette robe épousant parfaitement ses formes ? Ce qui frappa le plus Ugo, mis à part le grand sourire et la généreuse poitrine de Jeanne qui ne portait visiblement pas de sous-vêtements, c'était l'obscurité ambiante de la pièce principale, uniquement éclairée à la bougie… Décidément, elle mettait un point d'honneur à ne rien faire comme les autres… Partout dans la pièce, des plantes, semblant venir elles aussi d'un autre temps, étaient dispersées.

C'est vrai, elle m'a parlé de son métier de naturopathe… Elle s'intéresse énormément aux vertus des produits naturels. Vu sa forme et sa beauté, je crois que je vais m'y mettre aussi…

Un immense vivarium où cohabitaient reptiles en tous genres, ainsi qu'une immonde créature totalement amorphe, qu'Ugo aurait bien eu du mal à définir, prenait une bonne partie du séjour. Aucun miroir, ni dans la chambre où était posé à même le sol un immense matelas entouré de petites bougies et de diverses pierres aux étranges couleurs, ni dans la salle de bains… « Elle n'est pas narcissique pour un sou… », marmonna à voix basse le garçon, dont le regard fut très vite attiré par un saisissant portrait de Jeanne, posé contre le mur en face du sofa en lieu et place de l'endroit destiné d'ordinaire au téléviseur. Une beauté glaçante, un regard pénétrant et empli de malice, un sourire fidèle à celui qu'elle arborait en toute circonstance… Ce portrait, bien qu'il parût ancien, était bluffant. *Pas besoin de glace avec une telle peinture…*

Remarquant l'intérêt de son invité du soir pour cette dernière, Jeanne, assise sur le sofa, lui adressa :

— Oh, ne fais pas attention à ça… C'est l'un de mes clients, peintre à ses heures perdues, qui me l'a offert !

— À ses heures, seulement ? C'est le nouveau Gustave Courbet, ton type, oui ! C'est juste saisissant… Tu as dû lui concocter un sacré remède pour qu'il se casse la tête comme ça ! Tu es sûre qu'il n'en pince pas un petit peu pour toi ?

— C'est possible, s'amusa-t-elle. Mais ça date de plusieurs années en arrière. Disons qu'il avait quelques problèmes de cœur… Et je crois savoir qu'ils sont désormais résolus !

Elle demeura pensive quelques instants, le regard noir, fixe, vers le sol, avant de hocher vivement la tête et de se lever d'un bond pour se diriger vers une vieille armoire. Elle y sortit une bouteille pour le moins poussiéreuse, tandis que la porte du meuble se referma dans un sinistre grincement. Ugo aurait juré que cette dernière s'était refermée toute seule, mais peut-être était-il trop subjugué par madame pour être véritablement attentif…

Après plusieurs verres, dont l'un d'un vin qu'il n'arrivait pas du tout à identifier, le portrait en face d'Ugo sembla s'animer. Une fumée épaisse, blanche, parvint jusqu'à lui, sous l'œil toujours aussi amusé de Jeanne :

— Alors, qu'est-ce qu'il t'arrive, mon chou ?

— C'est moi ou ton portrait prend feu ?

— Je t'avais prévenu que ce vin islandais était un brin fort ; c'est l'un de mes amis de longue date qui me l'a ramené de son dernier voyage… Ils appellent cela *brennivín*, littéralement « vin brûlé » justement, ce qui signifie « mort noire » si je ne me trompe pas. Quel délicieux nom !

En regardant à nouveau la peinture, Ugo s'aperçut qu'il n'y avait plus la moindre fumée.

— Tu as raison, j'ai peut-être abusé sur la boisson pour ce soir. Surtout que je dois encore rentrer jusque chez moi ! Ce serait bête de perdre le permis… Les flics sont souvent sur le chemin du retour.

— Tu peux dormir ici, si tu veux ? Tu repartiras tranquillement demain matin… lança doucereusement Jeanne, s'approchant de lui.

Bien qu'il ne se sentît pas tout à fait dans son assiette, Ugo ne put décliner l'invitation de la belle jeune femme qu'il embrassa tendrement avant de commencer à la caresser… Elle lui mordit le cou en guise de réponse. La température monta d'un cran dans la pièce, tandis que le cœur d'Ugo battait la chamade. Jeanne posa la main dessus, l'air satisfaite.

— Suis moi, nous allons dans la chambre, susurra-t-elle en le prenant par la main jusqu'au lit.

Une fois le jeune homme couché sur le matelas, elle mit délicatement ses mains sur les bretelles de sa robe avant de l'enlever tout en le fixant dans les yeux.

J'avais raison, elle ne porte pas de sous-vêtements… Je n'ai jamais vu un corps pareil… Elle est parfaite, terriblement excitante !

Le soir du 30 avril 1857

En cette année 1857, les Hauts-Mages lui avaient fait l'honneur d'organiser la cérémonie principale sur ses terres, dans les bois de Waldhouse, où elle était installée depuis plus d'un centenaire… D'aucuns racontaient que Jeanne allait leur enseigner à tous un sortilège très puissant, issu des temps les plus reculés, et permettant de devenir immortel grâce à l'aide de sacrifices. Mais la nouvelle avait également fait grand bruit parmi les villageois de la région, et ces derniers s'étaient organisés pour éradiquer une fois pour toutes le fléau. Armés de bêches, de pioches, de haches, ils comptaient bien en finir une fois pour toutes avec les abominables crimes perpétrés sur leurs semblables.

L'antre de Jeanne, gardé par les loups, et d'autres bêtes sauvages bien plus féroces, n'était pas approché par les villageois – également appelés Gelleriweschwänz ou « queues de carottes » – même lorsqu'ils savaient l'un des leurs disparu… Et sans doute capturé par cette chimère à la gueule d'ange. Il fallait bien cela pour qu'elle les laisse tranquilles quelque temps ! Waldhouse, de l'allemand *wald* (forêt) et *haus* (maison), avait été nommée ainsi en raison de la cabane de la belle dans les bois. Personne n'en était jamais ressorti vivant. Les Gelleriweschwänz ne s'aventurant que rarement dans les sentiers maudits menant à son habitation.

Autant dire que cette dernière avait mis les petits plats dans les grands pour que cette Hexennacht 1857 reste dans les mémoires en convoquant les sorciers les plus importants des temps présents et passés. Par centaines, ils s'étaient déplacés dans ce coin reculé pour une cérémonie très spéciale… La consigne était simple : chaque mage devait apporter avec lui un peintre, chargé de réaliser le portrait le plus fidèle possible avant d'être sacrifié. Bien entendu, le cortège d'artistes, d'ailleurs bien souvent amenés jusqu'ici sous la contrainte, n'était pas au fait de l'issue que prendrait cette petite sauterie. L'artiste de Jeanne,

Jean-Baptiste, était l'un des seuls à être venu de son gré, aveuglé par l'amour qu'il portait à sa belle… Il était loin de se douter des souffrances qui l'attendaient une fois le portrait terminé. Flatté d'être celui choisi par l'élue de son cœur, et accessoirement maîtresse de cérémonie, pour mettre en lumière sa beauté. Le talentueux jeune homme, qui pensait nuit et jour à sa douce depuis plusieurs semaines, aurait pu peindre le moindre de ses traits les yeux fermés… Il réalisa ce jour-là un portrait saisissant, si réel qu'il en paraissait presque surnaturel…

— Le feu, ils arrivent… Les villageois arrivent, finissons le rituel ! Jean-Baptiste, finis-moi cette peinture… Ils ne pourront plus rien contre moi ! Et s'ils me brûlent, je réapparaîtrai des enfers… explosa Jeanne dans un rire macabre.

18 août 1976, brocante de Saint-Louis-lès-Bitche

— Papa, papa, regarde ce que j'ai trouvé ! On dirait un grimoire, comme dans ce film avec des sorcières qu'on a regardé à la télé la dernière fois ! On peut le prendre, s'il te plaît, s'il te plaît !

— Tu as déjà reçu un ballon de foot, François, et le maillot du FC Metz que tu voulais ! Je crois que tu abuses un petit peu… répondit le père du garçon, dégoulinant dans son marcel devant le stand d'un fermier du coin.

— Mais allez, s'il te plaît, et je te tonds le gazon en rentrant ! Il fait super chaud, tu n'auras qu'à te poser sur la chaise longue pendant ce temps. Je t'amènerai même une citronnade !

— Y a pas à dire, ce petit ira loin… Il sait trouver les mots ! lâcha le fermier, tout en sortant une toile d'un vieux carton. Tenez, si vous le prenez, ça va avec… Ça n'a pas bougé de la grange depuis au moins deux générations. Je vous fais le tout pour dix francs. Vous savez, moi, tant que je m'en débarrasse !

Le père regarda tour à tour la toile, le regard suppliant de son fils, puis le fermier :

— Bon, allez, vendu ! Après tout, c'est un bon garçon, et il travaille dur aux champs après l'école, je n'ai pas à me plaindre…

Le jeune François repartit de la brocante de Saint-Louis le sourire aux lèvres, le vieux grimoire à la main ; et son père se reposa le restant de l'après-midi, observant son fils tondre le moindre recoin de leur pelouse tout en sirotant de la citronnade bien fraîche. *On se plaint, on se plaint, mais la vie est quand même belle, y a pas à dire…* songea-t-il.

Cependant, au fil des semaines suivantes, le comportement du fils changea radicalement, la complicité avec son père commença à s'étioler sans que ce dernier n'y trouve réellement d'explication. Il mit tout d'abord ceci sur le compte de la rentrée, du début de l'adolescence, des premières bagarres avec ses camarades pour des filles, et des peines de cœur qui vont avec… Le fils s'isola de plus en plus : il pouvait passer des heures dans le grenier, à lire et relire certains passages du vieux grimoire reçu lors de la brocante estivale. Le temps était encore doux, mais le garçon refusait de sortir voir ses copains, d'aller taper le ballon avec eux, aller pêcher, faire du vélo, lui qui d'ordinaire devait être rappelé plusieurs fois à l'ordre pour rentrer à la maison. Pire, le père remarqua que le fils s'essayait même à certains actes de cruauté, notamment sur de petits animaux, dont il retrouvait les cadavres dissimulés dans le jardin ou au sein des champs environnants…

Un jour d'école, il profita de l'absence de son fils pour inspecter sa chambre à coucher, pièce où il ne mettait pratiquement jamais les pieds… Ce qu'il découvrit lui fit froid dans le dos : dans une boîte à chaussures gisait l'un des chats de la propriété voisine, ouvert, très certainement à l'aide de la lame des ciseaux disposés juste à côté, du museau à la queue… Plusieurs bougies entouraient la boîte, devant laquelle était disposée une vieille page, en écriture gothique. Le père n'y comprit pas grand-chose, il était question de sacrifice et d'invocation… Mais il en déduisit très vite la provenance. Il déposa le tout dans le jardin et y mit feu. Bien qu'il fouillât le reste de la pièce ainsi que la grange, le grenier, et divers endroits où se rendait son fils pour pêcher, il ne retrouva pas le reste du grimoire…

Bien que la correction infligée ce soir-là au garçon fût l'une des pires de sa jeune vie, il resta cependant muet quant à l'emplacement du livre de magie… Le père remarqua également que quelque chose dans son regard avait changé, et avait bien du mal à reconnaître son fils.

30 avril 1976, Saint-Louis-lès-Bitche

Grimoire, chapitre IV

La légende de la Hexennacht :

« Depuis les temps les plus reculés – le soir de la Hexennacht – l'Église conseillait aux habitants de Moselle-Est et de Basse-Alsace de se barricader chez eux et de ne sortir sous aucun prétexte… Dans la nuit du 30 avril au 1ᵉʳ mai, les sorcières et mages venus de l'ensemble du territoire et par-delà les frontières se donnaient en effet rendez-vous dans les quelque 100 000 hectares de forêt environnante, pour tenir leur macabre assemblée annuelle. Nommée nuit de Walpurgis en Allemagne, et jadis célébrée dans le pays voisin, les crimes et sacrifices perpétrés durant ce grand sabbat furent vivement réprimés de l'autre côté de la frontière ; de colossales chasses aux sorcières organisées. Et des centaines de personnes, prises sur le vif ou soupçonnés de magie noire, brûlées sur de grands bûchers par les villageois du massif du Harz, alors épicentre de ce phénomène, de sorte que les ensorceleurs migrèrent petit à petit vers nos régions…

Cette nuit-là, ces derniers associaient leur pouvoir pour convoquer les esprits les plus maléfiques, redoublaient de malice pour leur offrir en guise de sacrifice les malheureux habitants des environs qui se laissaient prendre, tantôt trop téméraires, tantôt trop naïfs : du vieillard sans défense à l'enfant… parfois en bas âge, ultime offrande au malin. Démons et sorciers dansaient alors ensemble jusqu'à l'aube, puisant leur force dans les cris, l'horreur, le sang, faisant régner la terreur grâce à des sortilèges toujours plus puissants, toujours plus cruels. Ainsi pouvaient errer parmi les Hommes les esprits les plus vils, ceux des anges déchus, des anciens temps, et accomplir l'œuvre du mal par d'innombrables stratagèmes : on ne comp-

tait plus les cas de possessions, de crimes familiaux commis sans apparentes raisons dans des hameaux d'ordinaire tranquilles. La Science les classait sous le coup d'inexplicables folies passagères, de maladies mentales dues à l'hérédité, le dur labeur dans les champs, la dérive de la Société. L'Église n'était pas dupe et incitait les villageois à plus de vigilances, à s'organiser comme les voisins allemands pour prendre les armes et défendre leurs campagnes.

D'aucuns racontaient de Jeanne, considérée par ses semblables comme l'une des reines de cette abominable assemblée, qu'elle puisait sa beauté et sa jeunesse dans le cœur des hommes épris d'elle… Qu'elle se plaisait à torturer à la mort. Ces derniers, éblouis par ses formes, son petit minois, sa voix douce, l'amour, se livraient sans méfiance… Loin de se douter qu'ils prenaient leur pied avec l'un des esprits les plus sombres et anciens s'étant échappé des entrailles de la Terre. Après de longs jours de malheurs en tous genres, et alors tout à fait vulnérables, elle leur faisait consommer une potion les rendant presque inconscients, parfaitement dociles.

Une fois au lit avec sa proie, totalement à sa merci, Jeanne n'avait plus qu'à lui ouvrir la poitrine à l'aide d'une énorme paire de ciseaux qu'elle avait pris soin d'aiguiser et de chauffer… Jusqu'au cœur, qu'elle serrait entre ses doigts jusqu'à ce qu'une mort affreusement douloureuse s'ensuive. Et ce, tout en invoquant Javaz, son âme sœur, banni dans les profonds enfers et ne remontant qu'une fois l'an, à cette période marquant la fin de l'hiver. Aux côtés de son amant, elle se nourrissait de cette douleur, de ces sentiments déchus, de cette jeunesse pour survivre et conserver sa grâce, sa magnificence. Seuls les miroirs trahissaient sa vraie nature : ils reflétaient un visage décharné, des dents noirâtres, pourries, quelques mèches blanches de cheveux restants, un trou profond à la place de l'œil droit, perdu en raison d'une potion mal dosée lors de l'un de ses premiers sacrifices, un corps de très petite taille, bossu, si vieux, si sec et inhumain qu'il paraissait pouvoir casser à tout moment… Des ongles anormalement longs et noirs au bout de longs et fins doigts contrastaient avec cette carrure cauchemardesque. Si bien qu'elle avait banni toute glace de chez elle, qu'elle évitait tout reflet et préférait de loin la pénombre à la lumière, de peur d'être démasquée. Les habitants ayant appris à protéger leurs maisons au fil des ans à l'aide de gros sel, de sauge blanche et autres rituels, elle ne pouvait entrer à leur domicile qu'en y étant invitée et en *tenant la main du propriétaire des lieux… Si ce dernier, méfiant, refusait sa main tendue, alors la vraie nature de la sorcière était dévoilée aux yeux de toutes et tous. Mais cela n'était encore jamais arrivé à Jeanne, l'ensorceleuse prenant soin de toujours bien choisir ses futures victimes.*

Pour délivrer Jeanne de son portrait, et ce, à vos risques et périls, il vous suffit de … »

Le jeune François ne sortait que rarement de sa chambre. Pour se nourrir, deux à trois fois par semaine, et pour attraper divers petits animaux, une fois la nuit tombée. Renvoyé de son école, il refusait d'aider son père dans les champs… Après des mois de discussions vaines, puis de roustes, ce dernier ne savait plus quoi faire et avait dû se résigner à faire appel aux services d'une assistante sociale… Le fils serait très certainement placé dès la rentrée prochaine, si la situation ne s'améliorait pas. On avait conseillé au père de ne pas le brusquer, de lui laisser le temps : il finirait bien par vouloir sortir, voir ses copains, la lumière du jour par lui-même. Au village, on se demandait quel évènement traumatisant il avait bien pu vivre pour en arriver là.

Quelques jours plus tard, un drame familial se produisit à leur domicile… L'ensemble de la famille perdit la vie dans des circonstances demeurant toujours inexpliquées… Un crime à l'arme blanche, des ciseaux, d'après les ragots du coin. Les journalistes parlèrent de magie noire, de pages de grimoire teintées de sang, d'animaux sacrifiés autour des victimes et d'étranges écritures sur les murs, François disparut, emportant le secret de cette tuerie avec lui. Plus personne n'entendit plus jamais parler de lui.

Le soir du 30 avril 2022, un peu plus tard…

Jeanne alluma une à une les bougies entourant le lit de fortune sur lequel elle disposa plusieurs feuilles d'une plante qu'Ugo ne parvint à identifier. Ces dernières, d'une couleur rouge anormalement vive, tout comme le vêtement de la demoiselle désormais à terre, paraissaient enflammées… Tout tournait autour d'Ugo, qui se contenait de vomir. *Putain, je suis vraiment con ! J'ai une vraie bombe en face de moi, et je me mets minable avec l'alcool… Si j'assure pas ce soir, ou si je lui vomis dessus, je m'en voudrai toute ma vie !*

— J'arrive, je vais me rafraîchir dans la salle de bains… murmura la jeune femme. Mets-toi à l'aise, et enlève-moi cette chemise !

Ugo tenta de s'exécuter, mais n'arrivait plus vraiment à coordonner ses mouvements. L'espace d'un instant, il crut voir au reflet des bougies le reflet d'une vieillarde bossue sur la porte coulissante de la pièce d'eau. Mais Jeanne ressortit de cette dernière plus belle que jamais, une énorme paire de ciseaux à la main, son éternel sourire aux lèvres.

— Attends, je vais t'aider à l'enlever… Et si on n'y arrive pas, je la couperai, joua-t-elle, tout en montrant l'objet, et avant de chauffer les lames de ce dernier à l'aide d'une imposante bougie, posée sur la table de chevet qui semblait avoir traversé les âges.

Elle s'approcha…

— Mon doux, j'ai un petit secret à te révéler… poursuivit-elle, tout en entaillant le tissu du jeune homme au niveau de la poitrine.

Ugo ressentit une intense chaleur tout autour de son cœur : en baissant la tête, il crut voir du sang s'échapper de sa chemise. Mais Jeanne releva son menton vers elle :

— Ce n'est rien, trésor, regarde-moi et écoute bien ce que j'ai à te dire… Je suis en réalité bien plus vieille que je n'y parais ! Mais je vais me servir de toi, de ta jeunesse et de ta vigueur pour reprendre quelques forces…

Un sourire qu'Ugo ne connaissait pas déforma à ce moment son visage. Il ne comprenait pas bien ce que Jeanne tentait de lui dire et s'aperçut que du liquide écarlate coulait désormais en abondance sur les draps… Jeanne plaça sa main droite au niveau de son thorax. Ugo poussa un cri puissant, à la hauteur de la douleur incommensurable qu'il ressentit. Il ne réussit pas à se débattre…

— Mais qu'est-ce qu'il se passe, bordel ? Tu m'as fait quoi, là ?

Ugo régurgita tout l'alcool qu'il avait bu. Tenta à nouveau de se débattre, en vain. Il hurlait d'horreur, pleurait désormais toutes les larmes de son corps. Jeanne en sourit de plus belle. Elle éclata même de rire, laissant apparaître d'immondes dents, moisies par le temps et la cruauté.

— Du calme, du calme, ce n'est rien, mon enfant ! Sûrement l'émotion ! Assez ri, le rituel va bientôt commencer et Javaz va arriver, expliqua Jeanne, comme s'il n'y avait rien de plus logique… de plus normal. Je reviens tout de suite, trésor, je vais simplement chercher la peinture.

Munie du portrait, Jeanne haussa le ton tout d'un coup. Elle hurla d'une voix anormalement rauque :

— Javaz, être de douleur, être de sang, par la présente, je te convoq…

Ugo n'entendait presque plus rien, les hurlements de Jeanne n'étaient plus qu'un affreux bourdonnement. La douleur s'était décuplée. Avant de perdre connaissance, il remarqua à nouveau d'épaisses fumées se propager dans la pièce. Elles semblaient venir de sa chair, meurtrie, et être aspirées par le portrait… En relevant la tête vers Jeanne, Ugo n'en crut pas ses yeux… Ce n'était plus la jeune femme belle et sexy dont il commençait à s'éprendre à califourchon sur lui, mais une hideuse vieillarde, nue, les doigts serrant son cœur comme on pourrait presser un citron.

Carlo Sibille Lumia

La Dame Blanche

Stéphanie Arseneault-Poirier

Jeune, nous voyons tous des choses que les adultes ne voient plus, ne croient plus, du moins… Dans les familles « normales »… Adulte, lorsque nous en parlons, nous nous faisons traiter de fou, de schizo, de malade mental, d'excentrique, de fabulateur, de raconteur d'histoires et de menteur… Et pourquoi cela ? J'imagine que les choses inexplicables créent chez certaines personnes une peur… Une peur de l'inconnu.

Voyez-vous, il existe parmi nous des gens mystérieux, capables d'effectuer des choses qui restent inexplicables d'un point de vue scientifique. Ces personnes sont dotées de certains dons… Talents… Ils sont tout simplement magiques et je ne vous parle pas d'Houdini, de Copperfield, de Messmer, de l'Abbé Faria, ou de tout autres magiciens, hypnotiseurs et illusionnistes de ce monde.

Je vous parle de Jeanne d'Arc, d'Agnès Sampson, d'Allan Kardec, d'Edgar Cayce, d'Omraam Mikhaël Aïvanhov, de Selena Fox, de Laurie Cabot, de Lisa Williams et de moi… Moi… Cette inconnue, un peu… beaucoup étrange… Certes d'apparence « normale », du moins au premier regard… Cette fille invisible qui est pourtant colorée et qui sort du lot avec sa chevelure de feu qui, au fil du temps, a appris à se cacher, à dissimuler certaines choses, et ce… jusqu'à ce que le moment soit venu…

À l'intérieur bout en elle une puissance qui lui était inconnue, incontrôlée qui, avec du recul, fut un brin mystérieuse certes, mais ô combien dangereuse, jusqu'à ce qu'elle maîtrise ses… « talents ». Voyez-vous ?

Depuis toujours, je vis avec un petit plus, et il faut dire que ma famille aussi !

À Victoriaville, dans ma ville natale, ma grand-mère était connue pour ses dons de voyance, de tarot et de cartes du ciel, faites à la main ! Eh oui… à l'époque, il n'y avait pas d'ordinateur ni de logiciel où tous les calculs et dessins s'effectuaient tout seuls !

Elle se plongeait dans les livres et dans les calculs sans l'aide de personne. Et que dire de ses dons de voyance. Même les prêtres allaient la voir ! Malheureusement, elle est décédée lorsque j'étais encore jeune, mais pour mes 18 ans, ma marraine m'a offert son grimoire de voyance, et c'est là que j'ai découvert à travers ses écrits que si une certaine carte sortait, elle modifiait la tournure de ses phrases afin de ne pas être reconnue et jugée en tant que Sorcière. La peur règne encore, même si l'heure de la chasse aux sorcières est bel et bien terminée.

Dans son grimoire, nous pouvons lire, par exemple, que lorsque la carte du fou, celle où l'on voit un jeune homme avec un baluchon et un mouton qui le suit, sortait lors d'un tirage, elle disait qu'il s'agissait du bon berger qui débute son voyage.

Bon, étant une femme venant de la campagne, cela se dit bien, mais cela prend une autre signification lorsqu'on tire aux cartes un homme de foi, surtout si nous remontons il y a plus de 30 ans en arrière…

C'est aussi grâce à elle que j'ai développé un grand intérêt pour la lithothérapie (la guérison par les pierres) et l'herboristerie (l'utilisation des plantes et des huiles essentielles d'un point de vue médicinal et magique). C'est grâce à ses enseignements magiques et ceux qui sont passés de génération en génération que je suis devenue la femme que je suis. Bien sûr, il y a un mélange des enseignements de ma mère aussi. Je me souviens encore, comme si c'était hier, qu'elle m'apprenait à cuisiner magiquement en ajoutant par exemple du romarin dans la cuisson des aliments. Elle me disait :

« Une pincée de romarin pour la mémoire et, mis sous ton oreiller, il activera le souvenir de tes rêves et de tes vies passées. »

Ma mère, quant à elle, a toujours su lire les gens, et ce, même à partir d'une photo. De là, vous dire comment elle fait ? Je ne le saurais guère, car ce n'est pas mon Talent. Mais j'ai appris à mes dépens que si ma mère me dit qu'une personne n'a pas de bonnes intentions ou qu'il émane d'elle une drôle de sensation, je ne la remets plus en doute, et ce, même si c'est l'amoureux de ma meilleure amie. J'ai vu où cela nous a menés !

Ma sœur… Ma sœur reste un mystère pour moi. Elle possède un potentiel exceptionnel, mais ne l'exploite pas ou très peu. En revanche, je peux vous dire qu'elle a toujours le mot juste pour nous redonner confiance ou retirer nos angoisses et notre peine. Je dirais que c'est plutôt ce qui émane d'elle qui nous apaise, mais en même temps, je ne lui ai jamais vraiment demandé comment elle fait !

Bref, nous avons chacun nos dons et nous avons évolué chacun à notre manière, sans pour autant nous dire que nous nous racontons des histoires, même s'il faut avouer que certaines fois, je me suis demandé si je n'avais pas halluciné, si je n'avais pas rêvé à tout ça ! Je me suis même demandé… « Suis-je folle ? »

Heureusement pour moi que je ne le suis pas… Du moins, si je le suis, les personnes qui ont assisté aux faits étranges avec moi le sont aussi et il en va de même pour ceux et celles qui ont confirmé par des visions avec exactitude dans les moindres détails les évènements qui me sont arrivés ou ceux qui ne l'étaient pas encore à l'époque.

Dans les lignes qui suivent, vous découvrirez une histoire dont même ma mère n'est pas au courant, et dont très peu de personnes le sont, outre celles présentes lors de l'évènement qui m'a foutu la chienne de ma vie ! Pourquoi je vous en parle aujourd'hui ? J'ai enfin réglé le blocage que je m'étais créé à la suite de cette situation ! Mais commençons par le début…

Ma grand-mère est morte très jeune. À 52 ans précisément. Et à la perte de celle-ci, ma mère s'est refermée sur elle-même et a cessé de pratiquer ouvertement avec nous, outre ses bains magiques, comme nous les appelons ! J'ai donc évolué de mon côté en entraînant ma petite sœur avec moi dans mes folies magiques.

***

Je vous ai dit que jeune, nous voyons tous des choses que les adultes ne voient plus ou ne croient plus. Eh bien souvenez-vous de votre enfance ! Nous avons tous eu un ami imaginaire, et je ne vous parle pas d'un éléphant rose à pois verts avec des ailes aux couleurs de l'arc-en-ciel… Je vous parle d'un ami imaginaire, selon les dires de vos parents, mais pour vous… il avait un aspect humain, mais transparent, non palpable à la main, mais que vous pouviez sentir énergétiquement… Celui avec qui vous aviez des discussions et qui trouvait le moyen de vous répondre. Cet être visible, mais invisible à la fois par les autres. Un ancêtre, un fantôme, pour certains un défunt, mais pour d'autres… un guide !

Des êtres maintenant devenus énergie se manifestent tout autour de nous. Aux jeunes… Vous leur dites de ne pas croire, de ne pas inventer, de ne pas fabuler et encore moins d'expérimenter… Aux jeunes, vous leur dites de se fermer, de ne plus voir, de ne plus communiquer et de ne plus croire, mais pour moi… Pour moi, c'est une tout autre histoire !

Grandir dans une famille comme la mienne, où magie et énergie forment une grande synergie, voyance et communication sont au centre de toute action, et où apothicaire va de pair avec l'art culinaire. Herboriste sort hors-pistes, récolte, école, macère des teintures mère, concoction de potions, rituels à répétition. Chante à la lune ô grande déesse… Femmes de ce monde, matriarches de la famille, ancêtres et Sorcières de notre lignée, montrez-nous la voie de notre destinée.

En chacune de nous se cache un pouvoir. Un pouvoir me direz-vous ? Un pouvoir je répondrai. Nul besoin de me brûler pour ce que j'ai à vous raconter.

Jeune, il m'arrivait de voyager ! Rien de plus normal, vous me direz. Mais comment vous l'expliquer, si mon corps n'a point bougé ? Des lieux inimaginables j'ai visité, sans pour autant y avoir touché. Ma grand-mère ai-je espionné ? Bien sûr, je vous répondrai, mais contre ma volonté. Voyez-vous, à l'époque, je ne savais point contrôler toutes mes allées, mais toujours j'ai su rebrousser chemin, afin de me retrouver dans mon enveloppe charnelle, si je puis dire comme tel. Étrange, vous pensez ? Attendez de voir ce qui suit ! Les années passèrent et l'adolescence a rappliqué !

Oufff… Ce que j'ai pu brasser ! Heureusement, je m'en suis réchappée !

Rébellion, expérimentations et invocations… Invocations… Invocations sans révocations… Sans protection ! NON… Bien sûr que je sais ce que je fais, et qui dit invocation dit révocation ! Amusement d'une jeune femme qui n'est encore qu'une enfant, plaisir partagé, en petit groupe, j'ai entraîné dans la stupidité qui m'était destinée, jusqu'à ce que je sois blessée. Esprit ? Esprit, es-tu là ? Réponds-moi ! Qu'as-tu à nous dire, qu'as-tu à nous partager ? Comment puis-je t'aider ?

De folle on m'a traitée, car à l'école j'ai communiqué. Nouveau guide j'ai trouvé et gothique je suis devenue. Étrangère dans cette grande ville et mystère à découvert. Choses étranges m'accompagnant, d'un comportement inadéquat, pour une société dite évoluée.

De folle on m'a nommée, car, seule, j'ai invoqué. Seule, j'ai communiqué. Seule, je pouvais les voir. Seule, je leur répondais, et seule, physiquement, j'étais.

Esprit ? Esprit ? Où es-tu parti ? Reviens me voir, j'ai besoin de ta compagnie.

Une fille un peu à l'écart vint me voir.

« Aucune chance que ça marche, les esprits n'existent pas ! » disait-elle… Cette brunette un peu étrange me regarda de la tête aux pieds. Elle était en train de me reluquer ! Non, pas de ma sœur que je suis en train de vous parler.

À ses côtés se tenait une vieille femme d'un air un peu frustré. Pour ne pas paraître plus folle que je semblais l'être, mon regard se concentra sur la brunette. Mais la dame d'un certain âge m'avait bien vue… m'avait bien entendue… Et de bêtises, elle me parlait. Dans un lâcher-prise, je lui disais ce que la femme me racontait. Mon regard passa de la dame à la fille, avant que je ne m'accepte et révèle ce qui m'était dit.

Et comment expliques-tu le fait qu'une dame aux cheveux blancs, frisés, allant jusqu'aux épaules, porte sur elle une monture argentée couvrant légèrement le bout de son nez, d'où je peux percevoir le bleu de ses yeux et qu'à son cou, pend un médaillon tout aussi argenté, où il est gravé une fleur étrange ainsi que les initiales C. R. ? De son index, elle remonte ses lunettes et, de son regard désapprobateur, elle me fait te dire : « Petite terreur que tu es, tu ne dois pas le prendre… Rapporte-le à ta mère, sinon tu seras dans la misère… »

La pauvre avait peur et tremblait de terreur. Qu'avais-je bien pu lui dire pour la faire réagir ainsi ? Lorsqu'elle se ressaisit, elle en sortit de son sac à dos, une petite pochette de velours noir où, à l'intérieur, était caché le fameux médaillon argenté.

À sa grand-mère il avait été, avant d'être légué à sa mère, à qui elle l'avait volé. Jeune fille égarée et apeurée, elle m'avait raconté que sa grand-mère l'avait abandonnée, puisqu'elle était montée et qu'avec ce collier elle la sentait de nouveau à ses côtés. C'est sûr, elle est là, à la sermonner, et je n'étais que le messager !

Sorcière fus-je déclarée, mais amitié fut développée. Apprendre me fut demandé et enseignements je lui ai accordé.

Jour après jour, expérimentations et invocations un peu partout où nous allions dans les rues où nous habitions. Québec et ses remparts, cimetières et champs de bataille, jusqu'à ce que poussière et sous-sol d'une maison creusé à même la pierre deviennent notre repère. Avec des garçons vraiment trop mignons, nous nous rassemblions et nous pratiquions.

Au début, avec discrétion, mais ensuite, sans appréhensions. Cercles, rituels et alcool, de vrais adolescents ayant tous un grand secret. Celui d'un pouvoir grandissant, d'un savoir débordant. Les soirs venus, nous nous rassemblions et, dans le noir des rues, nous nous exercions. Dans les parcs ou dans le cap, nous allions pour observer, couleurs et entités qui s'étaient rattachées aux personnes qui osaient passer. Dans les cimetières, nous pique-niquions et nous communiquions.

Des défunts nous réveillions, par simple plaisir d'assouvir notre désir, d'exploiter ce qui nous avait été donné. Talents, dons ou malédictions, pour moi ce n'est que création. Talents, dons, communication, rituels, enchantements, célébrations et invocations.

Étrange, recluse, bizarre, mise à part… Monde infernal qu'est l'école.

Persécution et exclusion, rejet et intimidation, c'est ce que nous subissons, mais ensemble, nous répliquons sans nous soucier des répercussions.

Ensemble, nous avons oublié de nous comporter en gens civilisés et, sous cette impulsion, nous nous sommes défendus. Invocations, malédictions et convictions… Sortilèges et rébellions, nous nous affirmions ! Nous nous protégions sans nous soucier des répercussions. Magie noire, invocations et malédictions nous lancions… Noirceur et esprits nous appelions, afin que protection nous ayons.

Gothique, maléfique, noirceur, sans aucune peur. Invocations, incantations, colère et rancœur, mon cœur se resserrait, sous la haine que ma présence engendrait. Maltraitée et tiraillée par la populace de ma contrée qu'était la grande ville où nous avions emménagé.

Incomprise, je ne serais guère soumise à la dictature et la droiture d'une éducation hautaine et vilaine, engendrée par des blondes oxygénées, au décolleté bien avisé et au manque de tissus de leur ceinture, qui devait leur servir de jupe. Leurs paroles blessantes et la richesse de leur portefeuille ne m'importaient guère, car, sur cette terre, nulle ne ferait l'affaire. Mon nom avait été appelé à m'aventurer sur un tout autre chemin qu'est ma destinée. D'embûches, peut-être, mon parcours fut parsemé, mais rien ne pouvait m'empêcher de les surmonter. Dans la noirceur, mon cœur était, car auprès d'êtres peu lumineux je me tenais. Me montrant la voie des ténèbres, j'avançais tête baissée, sans me soucier d'où cela pouvait bien me mener. M'éloignant de la voie qui m'avait été enseignée par mes ancêtres attitrés.

Main dans la main, je parcourais le chemin qui se dessinait, même si celui-ci me paraissait terrifiant et dans le néant. Protégée, je le serais pour toujours IL me le promettait. Ce guide, provenant du noir et du néant, où flamme et sang devaient couler à ses côtés. Rébellion et anarchie faisaient maintenant partie de ma vie. De noirceur mon cœur était atteint, mais il n'était point éteint. Blessures et déchirures émotionnelles, engendrées par un gang de dévergondés qui comblait et circulait dans les couloirs de ma prison. Encadrement, redressement et enseignement d'une école remplie de soumis et où ils sont dans l'oubli, des voix ancestrales de la magie.

Pouvoir ardent, dons grandissant avec amusement. Insouciante, désobéissante, une vraie adolescente. Aucune règle, aucune loi n'a de place dans ma besace. Défiant magie et sorcellerie, me croyant au-dessus de tout cela. Invocations, incantations… Plus besoin de connexions, plus besoin de concentration. Tout arrive à souhait, sans que je ne le permette, par la simple pensée, le sort était lancé. Némésis, vous me direz ?

Alors, je vous laisse imaginer ce que j'ai pu engendrer ! Enfer sur terre, visions et malédictions lancées par cette simple ado rejetée par la communauté. Renfermée, mais cercle créé, j'ai entraîné sœurs et frères par liens magiques, mais aussi ma sœur de sang, ma sœur de chair, ma sœur de cœur. Jusqu'au moment où tout vola en mille éclats.

Il était le point où le simple fait d'ouvrir les yeux et votre aura se dessinait devant moi, vos intentions s'écrivaient d'elles-mêmes dans mon esprit et vos émotions me frappaient de plein fouet. Empathe je devenais.

Esprits vagabondant, défunts méprisants, guides achalants, je me refermais et me tournais vers mes frères et sœurs avec qui je me sentais un. Cinq nous étions, mais nous formions tout ce dont nous avions besoin. C'est là ! Dans le sous-sol de terre creusé à même la pierre de ce cap, que s'élevait cette vieille baraque plus que centenaire où nous nous réunissions. Potions, invocations, incantations. La sorcellerie était notre jeu et la Terre n'en était que le terrain. Guerre de clan, guerre d'enfants, rien d'apaisant. Ce ne sont que des chicanes d'adolescents ? Détrompez-vous !

Rues de la ville, territoire de covens. Peu nous sommes vous direz, mais vous devez vous tromper, car plus nombreux que vous ne le pensez, nous sommes juste bien cachés.

Une fois ma place bien ancrée et ma réputation n'étant plus à prouver au sein de cette société secrète formée de covens et de jeunes insouciants, respect et paix j'ai trouvé, auprès des gens de talents, et ce, peu importe leur côté, peu importe leurs pratiques. Dès lors, je ne me faisais plus achaler, par ces gens pratiquant la magie, la sorcellerie. Ce problème réglé, je pouvais enfin me consacrer à ce que j'aimais pratiquer. Visions, invocations, communications, manipulations et distorsions des énergies ambiantes. Voyages et projections astrales.

Un jour, ma sœur, J., C., J-G et moi, nous nous promenions près de la statue de Marie, celle-la même placée dans le cap, derrière l'église qui n'est plus, près d'Arago Est, une étrange dame dans le besoin apparut devant nous.

Visible, mais invisible… D'aide elle avait besoin semblait-il ! Ensanglantée de la tête aux pieds, elle semblait effrayée. Vêtue de haillons blancs tout déchirés, salis par la boue et le sang, elle passa devant moi comme si de rien n'était et alla se réfugier dans la montagne du cap, sous les escaliers menant à la haute ville.

Sentiments effrayants, cœur déchiré, sentiment d'être violée et pourchassée. Terreur dans le regard, cœur haletant et souffle j'en fus coupé, tellement que j'en fus amenée à me questionner sur ce qui venait de se passer. Venais-je d'halluciner ? Que venait-il de se passer ? C'est toute une frousse que j'ai créée. Pliée en deux, cherchant mon air, cherchant du regard l'être qui venait de passer. Morte était-elle, d'une façon pleine d'atrocités. J'en étais bouche bée !

Heureusement pour moi, sœurs et frères étaient présents et m'ont raccompagnée jusqu'à notre temple sacré. La nuit passa et le jour suivant, seul à mon esprit venait se réfugier la dame que j'avais croisée. Regard perdu, n'écoutant plus les enseignements et questionnements des professeurs et étudiants. Le soir venu, c'est avec entêtement et acharnement que je me décidai à invoquer la dame du passé, celle qui s'était égarée… Je me devais de l'aider.

Près de la statue, à l'endroit même où je l'avais aperçue, j'ai essayé, mais sans réponse je suis revenue. Me connecter à elle, je fus, me laissant guider de son énergie. Tel un loup reniflant l'odeur de sa proie, je parcourais le quartier, les endroits où j'étais sûr qu'elle était passée. Suivie de ma sœur biologique et de mon autre magique, pour nous retrouver, sur le bas-côté de la côte Salaberry et c'est là que je l'ai rencontrée.

Accroupie dans l'herbe, à nouveau terrifiée, ne sachant où aller. J'ai tenté de communiquer, mais apeurée elle était et c'est là que j'ai vu que sur ses poignets se dessinait trace de sang, trace de brûlure telle l'usure d'une corde, car ligotée elle était.

Clairement captive elle devait être et s'enfuir elle a fait. Sur son visage sali par le sang, sali par la boue, se dessinait trace de main sur sa bouche, comme si on l'avait empêchée de crier, empêchée de respirer. Un homme ! Comment pouvais-je savoir qu'il s'agissait d'un homme ? Nul ne le sait, mais la certitude j'ai ! Ses cheveux blonds, ondulés et entremêlés de feuilles, de brindilles et de saletés, tous rattachés comme si jamais elle n'avait été lavée. Clairement, elle en avait bavé ! Sa robe de coton blanc avait subi le même sort. Il ne restait que haillons salis par les atrocités qu'elle avait subies. D'une autre époque elle avait vécu, d'un autre temps elle était apparue. Je peux vous le jurer de par sa beauté qui lui a été dérobée, sa stature et sa droiture, sa manière d'être apeurée et les lambeaux de vêtements qui la dénudaient. 1650-1690 je vous dirais, car nul ne se promenait ainsi vêtu de chiffons, en pensant ne point être aperçu. Sa tenue devait être composée des restes d'un dessous de robe tissée, d'une époque passée. De la colonisation, je m'affirmerais, car mes ancêtres me l'ont confirmé. Dans ce Nouveau Monde, elle vivait, c'est ce Nouveau Monde qu'elle quittait. Jeune je vous dirais qu'elle était, car, jeune vingtaine elle avait.

Blessée pour elle j'étais, en même temps que mon cœur haletait. Hésitante et prudente, je fis un pas dans sa direction, avec l'intention d'établir la communication, mais surprise elle fut et disparut, de la même manière qu'elle était venue.

Désappointée et encore plus perturbée, d'être bredouille pour rentrer. À notre repère nous sommes retournées, car dans l'incapacité nous étions de la retrouver. Pour le moment, je devais l'oublier. Facile à dire, mais point à faire, car pour le moment ô combien mon cerveau était bouillonnant devant ce défi qui se présentait. Astuces et moyens je me devais de chercher, afin de la retrouver.

Invocations, communications, IL m'accordait. De l'aide j'avais, car, à mes côtés, IL était. Pouvoir IL m'accordait, tant que je le vénérais, tel un dieu je l'honorais, même si guide IL était. Jours passés, semaine terminée, il était temps de nous rencontrer. Enseignements m'avaient été octroyés, car en astral j'avais voyagé et c'est à ses côtés que me fut dévoilée la manière de procéder.

Sachant comment cela se passerait, aurais-je poussé ma volonté aussi loin, afin de ne pas le regretter. Mise en garde n'avait pas été dictée ni envers le danger que cela pouvait créer. C'est alors que, de mon côté, j'ai foncé tête baissée, prête à l'invoquer. Un esprit bien effarouché, je vous le dis… Prenez garde, cela égale danger !

Ce soir-là, droguée était la mère de mon amie, car comateuse je l'ai retrouvée, sur le canapé du rez-de-chaussée. Encore une fois sous l'influence de la drogue et de l'alcool, se foutant royalement de nous et de sa propre fille. Se foutant de ce que nous pouvions faire, tant que nous restions dans la chambre de J. ou dans la fraîcheur de la cave et tant que nous ne touchions pas à ces quelques cartons qui étaient entreposés sous l'escalier.

Invocations, incantations, nous nous amusions jusqu'à ce que les choses bougent. Ô combien d'objets j'ai vu bouger, et sans crainte je peux vous le jurer. Souvent, sans être touchés, ils étaient déplacés. Signe de présence, signe de puissance, car tous les esprits ne l'ont pas acquis.

Entités, défunts guides et noirceur étaient appelés, jusqu'au jour où j'ai décidé de l'invoquer… De la forcer à se montrer… Quelle frousse elle a engendrée. Morte elle était, mais elle ne le savait point. Apeurée elle était, mais moins que nous l'étions, lorsqu'elle comprit ce qu'elle avait subi.

Colère, haine, fureur et terreur… Vengeance émanait de ce qu'elle était. Vision noircie par ce qu'elle avait subi. Elle assimilait l'information que je lui avais transmise. Mort avait-elle trouvé et probablement dans l'oubli elle était passée, puisque son corps n'avait pas dû être retrouvé, sinon elle aurait su qu'elle avait été tuée.

Cérémonie aurait suivi et paix à son âme elle aurait trouvé, si le meurtrier avait été arrêté.

Énergie elle était en train d'accumuler et boîtes se mirent à bouger. Jusque-là, rien pour nous faire paniquer vous me direz, mais attendez de lire ce qu'il s'est passé. Lumière se mettant à scintiller par intermittence, avant de se fermer et de ne voir voler qu'un couteau bien aiguisé qui juste à côté de mon visage est passé, puisqu'il fut propulsé jusque dans la pierre, où il s'est incrusté. Sur le côté, j'ai senti un être me protéger, comme promis IL avait agi, évitant un accident impliquant une lame à tranchant qui aurait pu faire couler mon sang. Réalisant ce qui venait d'arriver, je fus apeurée, car j'aurais pu y passer, mais de justesse et avec prouesse, IL m'avait sauvée. Visible, mais invisible, IL venait de me prouver sa loyauté que je ne pourrai jamais oublier.

D'un pas assourdissant et clairement mécontent, la mère de mon amie ouvrit la porte de la cuisine et jeta un regard apeuré par le bruit que nous avions causé. Lumière du sous-sol s'alluma au même moment que la « Dame Blanche » jeta son regard meurtrier sur moi. Elle criait vengeance et ne demandait qu'à sévir le coupable. C'est à ce moment précis que je compris qu'il valait mieux ne plus les appeler afin de combler mon désir de les invoquer pour mon simple plaisir de me sentir ainsi puissante. Peur au ventre et blocage venaient de se créer, au même moment qu'elle nous a quittées.

Mme T, pour ne point la nommer, venait de dégriser par le simple fait de voir ce qui était arrivé… Avait-elle halluciné ou était-elle en train de rêver ? Une chose était sûre, il y avait de planté un couteau bien affûté, au centre d'un mur qui était constitué de pierre. Très en colère, elle nous chassa de notre repère, et c'est avec peine et misère que ma sœur et moi rentrâmes à la maison, car nous avions un trop-plein d'émotions.

Jours et mois passèrent sans que je n'opère quelque invocation que ce soit. Me protéger IL m'avait promis et persuadée j'étais de ne pas avoir été poignardée. De cap j'ai changé, tout comme ma mentalité. Jamais plus je n'invoquerais de la sorte, car la peur m'avait imprégnée.

Dès lors, au lieu de les appeler, j'ai décidé de les laisser. Aller et venir à moi ils faisaient, s'ils le désiraient. Seuls les êtres que je connaisais, je me permettais de les appeler. Non pas par plaisir, ni par désir, mais plutôt par besoin et aide qu'ils peuvent m'apporter. Matriarches, ancêtres, amis, guides, dieux et déesses m'accompagnent tout comme les vôtres le font pour vous.

Messages que je reçois ne peuvent être tous dits, cela je l'ai appris. Talents et dons se développent d'une tout autre façon. Les années passent, sans que je les appelle, et maintenant sage je suis. Apprendre à communiquer d'une tout autre façon, c'est ce qui a été ma leçon.

Continuer à évoluer, continuer à enseigner et à partager, c'est ce que j'ai souhaité. Sortir du lot, ne pas me conformer à la société et m'accepter comme je suis, j'ai bien compris. Je suis née Sorcière et j'en suis fière. De me cacher j'aime mieux ne pas y passer, car de créer et de partager, tel est ma destinée.

Créer mon commerce, sans être à la renverse, accueillir ceux qui le désirent et leur permettre de s'accomplir.

Au fil du temps, j'ai rencontré plein de gens avec de nombreux talents. Et jamais je n'avais reparlé de ce qu'il s'était passé. Ce n'est que 20 ans plus tard, presque jour pour jour, que j'ai compris ce que je n'avais pas accompli. Voyants, travailleurs d'énergies et canalisateurs sont venus à ma rencontre, comme si l'Univers avait un message à faire passer à travers eux. Tous me parlaient de mes 13 ans et de cet évènement marquant. Me libérer de ce blocage que j'avais créé, afin de perpétuer ce que j'avais commencé. Terminer ce que j'avais entamé lorsque je l'ai invoquée. Peur, désapprobation, refoulement et ignorance de cette proposition. Marquée à vie par ce souci, je vous le dis. M'éloigner de cette volonté à la réinvoquer. Non merci, je leur ai dit, mais visions firent leurs apparitions. Cette terrible nuit je revis, avec toute la peur qui s'ensuit. Insupportable je vous le dis, cartes sur table je suis pris.

Invocation, communication, j'ai besoin d'un temps d'adaptation. Assimilation de l'information et invocation pour la communication. Dame Blanche de son surnom, je l'avais appelée, mais Marie-Marguerite elle m'avait communiquée. Difficulté à la reconnaître, mais, je dois l'admettre, c'est d'une beauté qu'elle est infligée. Rien à voir avec le fameux soir où je l'ai aperçue, perdue dans le noir. Plus de haillons, plus de sang, plus de boue ni de brindilles. Plus de marques ni de blessures. Rayonnante et flamboyante, elle me sourit et me dit un gros merci. C'est le cœur en paix que, désormais, elle se promenait afin de protéger les femmes qui sont sur le point d'être blessées, violées et même tuées, et ce, peu importe votre contrée, tant que vous l'appeliez afin de vous aider !

C'est sur ces mots que je terminerai cette histoire que je viens de vous raconter. Mythe ou réalité, vous me direz ? Vous n'avez qu'à venir me parler et je vous le confirmerai, que cela m'est bel et bien arrivé.

) O (

Stéphanie Arseneault-Poirier
La Sorcière de Québec

Le serpent de la connaissance...

Amélie Galiay

« *Entraîne-toi à penser dans les deux mondes à la fois, de deux manières différentes. Dis-toi que, la nuit, le dormeur observe ses rêves, mais qu'une fois réveillé, ce sont ses rêves qui l'observent, le suivent, et se mêlent à sa vie. Essaie de modifier ta perception et tu verras le monde avec des yeux magiques.* »

Proverbe amérindien

« *Le cerveau, un peu comme le ferait un poste de télévision dans un autre contexte, peut recevoir la conscience, la traiter à sa manière, et lui envoyer de l'information.*

Lorsque le poste de télévision dysfonctionne, nous ne pouvons plus capter la conscience ; cependant, la conscience existe toujours, les chaînes continuent à être émises par les stations, les ondes circulent dans l'air, mais le poste ne peut plus recevoir. Par exemple, dans les expériences de mort imminente, le cerveau ne fonctionne plus, alors que la conscience n'a jamais été aussi performante ! C'est possible parce que les gens ne sont plus dans leur corps, mais dans une conscience beaucoup plus large.

À l'inverse, lorsque la conscience entre dans le corps, cette dernière se rétrécit par les données sensorielles limitées du corps. En effet, nous ne percevons plus qu'une infime partie de la réalité. Lorsque la conscience est rétrécie en entrant dans le cerveau, c'est finalement comme si l'on ne captait plus qu'une seule chaîne… alors que nous regorgeons de "programmes" ! Notre conscience étant dotée de potentiels infinis… »

Témoignage du Dr Olivier Chambon
dans *Enquête de Sens* (JDH Éditions)

Ayahuasca

L'ayahuasca, ou yagé, est une préparation hallucinogène originaire d'Amérique du Sud.

Décoction à base de lianes traditionnellement consommée par un grand nombre de cultures indigènes de l'Amazonie, qui la sacralisent et lui allèguent une capacité curative, purificatrice et magique, l'ayahuasca se présente sous la forme d'un breuvage épais à la saveur âpre. En raison d'une composition chimique complexe marquée par la présence d'un puissant psychotrope naturel, la DMT, l'ayahuasca a pour propriété principale de plonger ses utilisateurs dans un état de conscience et de perception plus ou moins fortement modifié. Le plus souvent, celui-ci se caractérise par d'intenses hallucinations sensorielles et visuelles, elles-mêmes fréquemment accompagnées de nausées et de vomissements dus à la nature astringente et émétique du mélange. Dans le cadre d'un usage traditionnel de la substance, ces visions sont considérées comme un voile qu'un chaman s'attachera à lever par divers biais, lors de cérémonies dont le rituel varie en fonction des pratiques et croyances des différentes tribus du bassin amazonien.

Par extension, ayahuasca est le nom donné aux lianes du genre Banisteriopsis dont l'écorce sert principalement à la composition de cette boisson.

Le terme ayahuasca vient du quechua et est formé de l'agglutination de aya et huaska. Il est traduit ordinairement par liane des esprits, liane des morts ou liane des âmes (aya : mort, défunt, et par extension âme, esprit ; huasca : corde, et par extension liane, d'après le médecin équatorien Plutarco Naranjo, 1983). Aya ne signifie pas l'âme de la personne morte, mais plutôt le cadavre, ce qui implique qu'ayahuasca devrait en tout état de choses se traduire par « corde des cadavres ».

D'après Gerald Taylor, linguiste et spécialiste de la langue quechua, le nom le plus probable de cette liane serait plutôt ayaqhuaska, ce qui signifie « liane amère ».

Le breuvage, en lui-même, est connu sous différents noms en fonction des régions et des groupes ethniques : ayahuasca, ayawaska, yajé (tucano), jagé, caapi (langues tupi), natema, natem (jivaro), purga, pinde, Santo Dai.

Appel intérieur

J'ai déjà expérimenté pas mal de choses sur la conscience et ses états « élargis », notamment la communication avec les défunts, la clairvoyance, la télépathie etc. Facultés dont je parle notamment dans mes livres *Enquête de Sens*, édité en 2021, et *Ton cœur connaît le chemin*, paru en 2022. Des ouvrages qui tendent en premier lieu à ouvrir l'Esprit du plus grand nombre, partant du principe que toutes les facultés que j'aborde, et dont j'ai pu faire l'expérience, nous les détenons tous ! Il ne tient qu'à nous de les explorer… et les expérimenter.

Dans ces enquêtes aux confins de la conscience, j'aborde donc, entre autres, le thème du chamanisme, un thème qui m'a toujours attirée. D'ailleurs, en tant que praticienne en hypnose, et notamment en hypnose « classique », ou dite de « spectacle », j'ai choisi également d'aborder ce thème, qui m'anime particulièrement.

Mes « voyageurs de l'inconscient » se retrouvaient alors projetés dans une forêt aborigène, en Australie. Bien sûr, la dimension du spectacle était ludique (*même si fascinante de par le vécu des voyageurs hypnotisés, qui pouvaient parfois découvrir leur animal totem, ou se mettre dans la peau d'un aigle, d'un dauphin, ou d'un tigre*).

Bien sûr, je n'allais pas plus loin, car, je le répète, la dimension et l'intérêt devaient rester ludiques et drôles, mais aussi surprenants, bien sûr. Par ailleurs, ayant à cœur cette dimension « sacrée », je ne souhaitais froisser aucun esprit. Pour l'anecdote, j'ai compris par la suite que les esprits avaient beaucoup d'humour et d'autodérision… surtout lorsque l'intention est « pure », voire « innocente ».

Vous aurez compris que je n'ai pas abordé et choisi ce thème au hasard lors de mes spectacles d'hypnose… En effet, je cherchais depuis longtemps à vivre une retraite chamanique, dans un cadre dans lequel je me serais sentie suffisamment en confiance, ce que j'avais jusqu'alors eu du mal à trouver. Mon intuition (*que j'écoute beaucoup maintenant, vous l'avez compris, surtout si vous avez lu mon "Enquête de Sens"…*), qui ne ment jamais, m'invitait à patienter jusqu'à ce que le « stage » idéal pour moi se présente, au moment voulu.

Je tiens à préciser également que, dans mon ouvrage *Enquête de sens*, j'interviewe le Dr Olivier Chambon, ancien psychiatre psychothérapeute, de formation sommes toutes assez matérialiste pourrait-on dire, et qui n'utilise aujourd'hui que le chamanisme, l'hypnose et l'EMDR pour accompagner ses patients. Ce dernier étant convaincu des vertus des « médecines psychédéliques » utilisées dans le chamanisme, il a d'ailleurs rédigé bon nombre d'ouvrages à ce sujet dernièrement, notamment *La médecine psychédélique* et *La révolution psychédélique*, en association avec Jocelin Morisson. Le Dr Chambon m'ayant longuement vanté les mérites de certaines plantes maîtresses amazoniennes, j'avoue qu'il a également éveillé ma curiosité. Le but premier de ses livres est de rassembler une information sérieuse, rigoureuse et dépassionnée sur ces substances afin d'informer le grand public comme les professionnels. Il ne s'agit pas de prôner une révolution culturelle. Son objectif est de changer le point de vue du public, des médias, des hommes politiques et des législateurs, vis-à-vis de ces substances au potentiel thérapeutique extrêmement puissant, qui ont été dévoyées dans leur utilisation, puis stigmatisées et diabolisées, avant d'être pénalisées et totalement interdites. Ces livres ont été écrits de manière à ce qu'ils soient accessibles à tous, pour que chacun puisse se faire sa propre opinion sur ces substances à la réputation sulfureuse.

Il y a environ deux ans, j'ai donc expérimenté une retraite chamanique à l'étranger. Un curandero[4] péruvien, ayant été enseigné par l'esprit des plantes en forêt amazonienne durant

---

[4] Curandero : sorcier, guérisseur.

dix ans, y organisait des retraites en forêt. J'ai tout de suite senti que c'était juste pour moi, alors j'ai contacté le fameux « guérisseur ». Dès la réservation de mon stage, j'ai senti une connexion instantanée, et une confiance totale. Un lien immatériel, mais pourtant plus vrai que « nature ». Il a d'ailleurs commencé, presque aussitôt, à se passer des phénomènes que d'aucuns pourraient qualifier de surnaturels.

Même si, pour moi, tout ça devient de plus en plus naturel.

En effet, le soir même, alors que je faisais une séance de Reiki[5] pour mon père, suite à des problèmes au cœur post-vaccin, mon mental était en ébullition. J'avais du mal à me concentrer, car beaucoup d'intentions pour soulager et guérir mon père, mélangées à des émotions de peur.

À ce moment-là, j'ai eu la vision d'un chaman sur mon balcon, entrant par ma porte-fenêtre… Ce dernier m'exprimant télépathiquement qu'il allait prendre la « relève », que je pouvais arrêter le soin et qu'il allait s'en charger.

Évidemment, cette vision fut assez troublante pour moi, étant donné que je ne dormais pas, j'étais simplement assise sur le bord de mon canapé !

Bref, heureuse que ce chaman vienne prendre la relève à ce moment-là, je sentais également que ma décision de faire cette retraite chamanique était juste… Ces phénomènes me confortant dans mon choix.

Trempe chamanique

Avant toute chose, il est important de savoir en quoi consiste cette « pratique spirituelle ».

Le chamanisme est un ensemble de formes de médiation entre les humains et les esprits. Les traditions animistes et cha-

---

5 Le Reiki est une méthode de soins non conventionnelle d'origine japonaise, fondée sur des soins dits « énergétiques » par imposition des mains. Elle a été fondée par le Japonais Mikao Usui à la suite d'une révélation mystique qui l'aurait conduit à la fin du XIXe siècle à recevoir les « clefs de la guérison ».

maniques ne sont pas des traditions religieuses distinctes, mais elles participent toutes deux à une compréhension du monde par des expériences spirituelles ou symboliques.

Des travaux scientifiques considèrent qu'il s'agit d'une pratique qui implique qu'un pratiquant atteigne des états de conscience « élargis » afin de percevoir et d'interagir avec ce qu'il considère être un monde spirituel et de canaliser des énergies transcendantes présentes dans ce monde, ceci dans le but de servir sa communauté.

En effet, le chamanisme invite l'individu à entrer en connexion directe avec ses alliés spirituels, et l'aspect divin de sa personne. Il permet par là même de développer l'intuition, la clairvoyance, et une relation plus directe avec ses guides.

Je me hâtai donc de rejoindre cette forêt, et ces esprits qui semblaient m'appeler depuis longtemps.

Enfin, après de longues semaines d'attente (*durant lesquelles les synchronicités[6] semblaient déjà se démultiplier*) et une interminable diète d'une semaine, à base de fruits et légumes crus, j'arrivai enfin dans cette mystérieuse forêt. J'étais alors armée d'une tente semi-étanche, d'un duvet semi-chaud, et de ma chienne Boulette (semi-motivée).

La météo semblant pressée de commencer le « nettoyage », je passai donc ma première nuit affamée… et trempée comme une soupe. Les nuits suivantes aussi d'ailleurs. Pour couronner le tout, les températures ayant également baissé brutalement le premier jour de la retraite, il semble que des vêtements et couvertures chaudes supplémentaires n'auraient pas été un luxe. Amor, le bras droit du curandero, m'a d'ailleurs confié en rigolant le dernier jour que, me voyant débarquer ainsi, un peu en mode « touriste », il n'aurait pas misé deux euros sur ma survie.

---

[6] Dans la psychologie analytique développée notamment par le psychiatre suisse Carl Gustav Jung, la synchronicité est l'occurrence simultanée dans l'esprit d'un individu d'au moins deux évènements mentaux qui ne présentent pas de lien de causalité physique, mais dont l'association prend un sens pour la personne qui les perçoit. Cette notion s'articule avec d'autres notions de la psychologie jungienne, comme celles d'archétype et d'inconscient collectif.

Il a bien fait de me dire ça le dernier jour !

Pour rester dans le thème, il se trouve que la cérémonie d'ouverture de la diète par les plantes était dans un esprit de nettoyage interne… un genre de « purge au tabac ». Cette plante est très respectée par Juan, qui nous invite à invoquer l'esprit du « grand père tabac » durant la cérémonie. Il précise que c'est une plante maîtresse, la seule dont on peut retrouver l'ADN dans toutes les autres.

Ainsi, l'ethnologue Jean-Pierre Chaumeil signale dans son observation des pratiques du peuple Yagua au Pérou :

« Il est intéressant de constater que les hallucinogènes perdent de leur importance lorsque le chaman domine ses visions : dès que le chaman est capable de voir à travers la pensée, mëtiaranëmu renuria, "voir de manière véritable", comme le disent les Yagua, ils ne font pratiquement pas appel aux drogues. Celles-ci sont remplacées par le tabac, qui s'avère être la plante chamanique par excellence, présente dans toutes les activités magiques [il n'est alors pas bu, mais fumé]. »

Les maîtres guérisseurs utilisent principalement le mapacho dans les rituels en raison de ses effets psychoactifs, ce qui lui conférait le statut de plante sacrée, leur permettant d'intervenir dans le contact avec le monde-autre et de nourrir leur corps énergétique avec cette énergie chaleureuse, yang ou masculine. L'ambil, produit de la décoction de feuilles de tabac et de sel, est l'équivalent péruvien du chimó ou chimú dans le paramo vénézuélien. L'intérêt étant de nettoyer au mieux le corps physique, émotionnel, et énergétique, avant le travail introspectif par l'accompagnement des plantes médicinales.

Après avoir bu un verre de tabac pur, nous devons boire des litres d'eau, jusqu'à vomir suffisamment. Juan tend donc à chaque participant un verre de tabac pur… pour le fameux nettoyage. Je comprends maintenant l'utilité du seau face à chacun de nous. Le tabac doit nous nettoyer de l'intérieur… et par là même nous faire vomir. Nous devons également boire beaucoup d'eau pour faciliter la purge. Des litres !

Nous vomissons donc en chœur. Autour de moi, j'entends des cris, des pleurs… semblants sortir du fond des âges. Le tableau paraît surréaliste ; l'espace d'un instant, je me demande ce que je fais là... mais la confiance reprend vite le dessus. Ça fait partie du jeu. Je sais bien que je ne suis pas vraiment venue là pour rigoler.

Après cette purge intense, je suis vraiment rincée, dans tous les sens du terme. Je remercie grand père tabac. Il est maintenant temps d'aller « tenter » de dormir... frigorifiée et trempée jusqu'aux os.

Un jour sans faim

Après cette première et interminable nuit, le petit-déjeuner, porté dans la tente, est le bienvenu... pas forcément pour le goût (*toujours sans sel et sans sucre*), mais du moins pour reprendre un peu d'énergie et de chaleur.

L'intérêt de cette retraite isolée en forêt étant principalement l'introspection et l'accueil des messages des esprits de la nature, en particulier de la plante « diétée », ce n'est donc pas le moment opportun pour aller se promener ou cueillir des champignons. Se procurer de l'eau chaude reste le seul déplacement autorisé. De toute façon, la pluie n'a toujours pas cessé. Je reste donc sagement dans ma tente humide, accompagnée de ma lecture fétiche *Un cours en miracle*, et des croquettes de Boulette, qui commencent à me faire de l'œil.

La notion du temps n'existe plus vraiment « pour l'heure », d'autant que le soleil, a priori en introspection également, ne nous donne pas d'indice. Le mental reste encore assez présent en ce premier jour, et, hormis quelques ressentis et prises de conscience, rien à signaler.

J'espère tellement que la pluie cesse... au moins pour pouvoir m'asseoir dehors, et faire sécher mes affaires.

En vain...

Alors, après des heures de méditation aquatique, la cérémonie arrive enfin.

Je croise de nouveaux les autres participants, que je n'avais pas vus depuis la veille, nos tentes étant volontairement très éloignées les unes des autres. Il est vrai qu'il est tentant d'échanger quelques mots, mais les encadrants sont là pour nous rappeler à l'ordre. En effet, le fait de verbaliser notre ressenti nous éloignerait de ce travail introspectif, et, par ailleurs, certaines personnes pourraient avoir tendance à parler de sujets insignifiants, voire énergivores, comme par exemple « l'actualité » médiatique.

Effectivement, ça fait déjà quelques années que j'ai pris conscience du potentiel énergivore de la parole. Et j'ai constaté que la parole pouvait être vraiment vampirisante. En fait, la parole est un outil, et comme tous les outils, tout dépend de l'intention que nous y mettons. Prenons un couteau, par exemple : son utilisation peut être à double tranchant ! Il peut servir à tuer comme à partager le pain… Et comme disait toujours mon père : « Si ce que tu vas dire n'est pas une vérité absolue, que ça n'a pas un intérêt particulier, et que ce n'est pas bienveillant envers la personne concernée : Ferme ta gueule ! »

Pour le coup, ça m'a toujours bien « parlé ». C'était sa façon à lui de m'initier à l'allégorie des trois filtres de Socrate :

Le filtre de la vérité :
À cet ami qui voulait lui rapporter ce « On dit », Socrate répondit :

« As-tu vérifié si ce que tu veux me raconter est vrai ? »

« Non, pas vraiment, je n'ai pas vu la chose moi-même, je l'ai seulement entendu dire », répondit son interlocuteur. Et Socrate de répondre :

« Très bien, tu ne sais donc pas si c'est la vérité ! »

Ce premier filtre nous renvoie à la vérification de l'information, à la fiabilité de la source. Volontairement ou involontairement, nombre d'informations sont transformées, erronées, approximatives, inventées.

Le filtre de la bonté :
Socrate ajoute : « Voyons maintenant, essayons de filtrer autrement, en utilisant une deuxième passoire, celle de la bonté.

Ce que tu veux m'apprendre sur mon ami, est-ce quelque chose de bien ?"

Et l'interlocuteur de répondre :

« Ah, non ! Au contraire ! »

Donc continue Socrate :

« Tu veux me raconter de mauvaises choses sur lui, et tu n'es pas sûr qu'elles soient vraies. Ce n'est pas très prometteur ! »

Le filtre de l'utilité :

Et Socrate termine :

« Il reste une passoire, celle de l'utilité ; est-il utile que tu m'apprennes ce que mon ami aurait fait ? »

Son interlocuteur de répondre :

« Utile ? Non, pas vraiment, je ne crois pas que ce soit utile. »

Alors, conclut Socrate :

« Si ce que tu as à me raconter n'est ni vrai, ni bon, ni utile, pourquoi vouloir me le dire ? Je ne veux rien savoir. De ton côté, tu ferais mieux d'oublier tout cela ! »

…

Je trouve cela très juste, et parfois, je me demande si mon début de surdité et mes acouphènes ne sont pas dus au fait que je ne souhaite plus entendre les paroles jugeantes, plaintives ou agressives, qui, bien souvent, nous maintiennent dans le « rêve » et l'illusion de l'ego. Ce doit être pour cette raison que j'aime autant les animaux, et que je suis autant connectée à eux… Eux ne parlent pas pour ne rien dire.

D'ailleurs, j'ai bien constaté, avant le début de la retraite, que certains auraient du mal à tenir leur langue, moi la première ! Alors, je suis heureuse que nous ne puissions pas parler ici. D'autant plus que j'ai toujours l'impression d'avaler les mots, et les maux des gens. C'est aussi certainement pour cette raison que j'ai tendance à m'isoler naturellement.

Nous voilà maintenant en place pour la cérémonie, ou la « réunion avec les esprits ».

Avant de commencer, le curandero nous fait tirer une carte. La mienne représente une colonie de pingouins sur une banquise…

« Sois le changement que tu veux voir dans le monde. »

Gandhi

Voyage avec les Esprits

Nous sommes maintenant sous le tipi, installés en cercle autour du feu. Seuls son crépitement et le cri de la chouette nous accompagnent en ce début de cérémonie.

Le curandero a disposé ses instruments de musique autour de lui, car c'est par les chants sacrés qu'il invoque les esprits des plantes. Ses plantes de « nettoyage » ou de purification l'entourent également. Une atmosphère particulière commence à s'installer entre nous, et autour de nous…

Après nous avoir expliqué comment il allait procéder, et alors que certains d'entre nous commencent à avoir la langue qui les démangent, le chaman, plus fermement, invite une nouvelle fois à faire silence.

Il commence ensuite le nettoyage au tabac. À l'aide d'une pipe en bois, il « enfume » chaque participant, de la tête aux pieds, puis la sauge termine ce soin d'assainissement.

J'ai la sensation que des esprits des plantes sont déjà présents, et notamment celui du tabac. Il faut dire que l'esprit du tabac, « Mapacho », nous accompagne déjà depuis la veille. Je précise que celui-ci n'a rien à voir avec les cigarettes industrielles. Juan nous a donné une feuille roulée au Mapacho à fumer durant la cérémonie, si nous le souhaitons. Il précise alors que c'est une plante sacrée, que son esprit nous accompagne également.

Notre guide du soir précise que le Mapacho se fume en priant, et en envoyant des intentions à l'égard de l'esprit protecteur du tabac. Le fait que ce soit du tabac pur invite à ne pas avaler la fumée, très dosée en nicotine. Il est demandé également de remercier l'esprit après avoir fumé le Mapacho.

Après quelques heures de rituels de nettoyage et de préparation au voyage, nous nous installons confortablement sur nos couchages. Nous restons dans le silence durant de longs instants encore, puis, la voix de Juan commence à se faire entendre. Chaque chant invoque un esprit différent. Je me dis que bientôt, une farandole d'esprits dansera autour de nous…

Je précise qu'il est important d'envoyer une intention aux esprits avant la cérémonie, et même avant la retraite. La mienne était, en partie, de m'éveiller du rêve… de la « matrice », pour rester au plus près des Esprit-guides, et avancer toujours plus près d'eux.

Mon voisin me souhaite bon voyage avec un regard profond, compatissant et bienveillant. J'ai alors l'intuition que je ne mesure pas l'ampleur de ce que je vais vivre…

La plante entame maintenant son voyage à l'intérieur de moi. Je me sens à ma place. Je n'ai pas peur, j'ai même hâte. Je sens cette énergie couler dans mon sang, elle prend possession de chaque cellule de mon corps… Alors que j'accueille la plante maîtresse avec confiance et que la voix de Juan résonne sous le tipi, je commence à faire une sorte de rêve éveillé, et je vois apparaître sur mon écran mental des immeubles, comme en pleine ville ! J'ai l'impression qu'un film est projeté sous mes paupières closes ! Un film extrêmement coloré et d'une netteté éblouissante. À présent, je vois les immeubles se diviser et se subdiviser en tout petits carrés, puis finir par se fondre dans le décor. Les couleurs sont vraiment très vives, c'est fascinant. À peine le temps de comprendre ce qu'il se passe que me voilà propulsée au-dessus de la Terre ! Un esprit est à ma droite, je ne saurais dire lequel, mais je sens sa présence et son intention de m'aider. Vu de dessus en cet instant, la Terre ressemble à une gigantesque horloge, composée d'innombrables petits mécanismes qui font tourner cette dernière dans le vide. L'esprit qui m'accompagne me dit de regarder ce qui ressemble à nos fonctionnements « humains », à nos petits corps pris au piège de la matrice, courant toujours après quelque chose de futile, et ressemblant dans nos comportements à cette machine infernale, que j'observe du dessus en cet instant…

Peu de mots sauraient décrire ce que je vois… C'est incroyable !

Plus incroyable encore : après avoir été « raccompagnée » sur Terre, je me retrouve maintenant dans une forêt luxuriante, et je découvre une magnifique cathédrale, très colorée et lumineuse elle aussi…

Je n'ai jamais rien vu d'aussi beau.

Alors que j'admire cette cathédrale et toutes ces couleurs éblouissantes, dans cette forêt magique, deux serpents apparaissent face à moi. Ils ne semblent pas agressifs ni méfiants, plutôt avenants même, ils m'invitent à les suivre. À cet instant, c'est moi qui suis méfiante. J'ai à l'esprit que les serpents ne vont pas me montrer quelque chose d'agréable, qu'ils veulent m'emmener dans les entrailles de la Terre… et de mon « inconscient », alors que je suis en pleine lumière dans cette forêt enchantée…

Je décide de ne pas les suivre.

(Ce que je regretterai plus tard, après avoir compris, par le biais du curandero, que les serpents représentaient, non le mal, mais la connaissance. Aussi, Juan me confiera que c'est un privilège de les voir se présenter, et me conseillera de leur demander pardon de ne pas leur avoir fait confiance.)

Pour le coup, plus de paysage, mais je vois maintenant apparaître mes cousines, avec lesquelles je suis brouillée depuis quelque temps, suite à un héritage. J'entends le mot « réconciliation », chanté par Amor, résonner, comme le tambour, jusqu'au cœur de chacune de mes cellules. Je me rappelle alors que l'éveil ne peut se faire sans le pardon. Je me dis que cette histoire avec mes cousines est là pour me faire expérimenter encore une fois le pardon, rien d'autre.

Alors, je décide de pardonner.

S'ensuit la vision de mon ami Joé, un ami proche, chez qui j'ai fait une escale avant d'arriver, et avec qui j'ai la sensation d'être liée, d'âme à âme, comme si nous nous étions toujours connus… Peut-être même dans des vies passées… quelque chose de très difficile à décrire, mais de très familier en tout cas. Joé est donc là, face à moi. Nous n'avons pas besoin de parler, nous nous « ressentons ». J'ai l'impression de sentir et de percevoir son âme, hors du corps et de l'ego, au-delà des peurs et des apparences. Dans cet amour inconditionnel, je vois briller la pureté de son âme. Inaltérable… Comme un diamant.

Je vois son fils également. Ce dernier traversant une période difficile, on me dit de lui dire de venir ici lui aussi, pour « guérir » son esprit.

La cérémonie a débuté depuis déjà quelques heures, même si elle a semblé passer en un éclair ! Les chants reprennent alors, mais plus légers et joyeux, je comprends que la « réunion avec les esprits » touche bientôt à sa fin. Alors que je sors fumer un Mapacho à la belle étoile, histoire de prendre l'air et de me remettre un peu de mes émotions, je constate avec stupéfaction (*une fois de plus*) que je peux voir à l'intérieur de l'arbre, comme si deux poumons blancs y respiraient. Je comprends que l'esprit du tabac continue de m'accompagner. Alors, je m'excuse auprès de lui de ne pas avoir pensé à le remercier après avoir terminé le Mapacho. Je me sens un peu gênée. Ce dernier se moque alors un peu de moi, me faisant mine de me tirer les oreilles, mais avec beaucoup de tendresse, de bienveillance et une taquinerie complice.

Encore une expérience incroyable. D'ailleurs, je ne saurais pas dire au juste tout ce que j'ai vécu ou perçu pendant cette soirée, tellement débordante… Mais je sais que j'ai ouvert de nouvelles portes, et je sens que ces dernières vont donner une nouvelle dimension à ma vie. Et tant mieux. Je suis là pour ça ! Pour ouvrir des portes…

Sortir de la matrice.

Aussi, j'ai ici l'impression d'être à ma place. J'ai la sensation que les gens qui m'entourent me comprennent, qu'ils savent eux aussi qu'il y a réellement quelque chose de plus vaste, derrière le monde des illusions… et qu'eux aussi sont là pour guérir, et pour se réveiller.

Quoi qu'il en soit, après ces messages, ces prises de conscience, et cet incroyable voyage… accompagnée par le feu, les esprits présents ce soir, les chants péruviens, les rythmes répétitifs des tambours chamaniques, et la douceur de la voix cristalline de ma voisine Lucie qui les accompagne maintenant…

Je m'endors enfin, profondément.

L'éveil du rêve

Nous sommes le matin suivant la cérémonie. Lucie, la cuisinière de la retraite, vient me porter le petit-déjeuner sous la tente… et toujours sous la pluie.

La chaleur du tupperware me réchauffe un peu les mains. Ce sera d'ailleurs son unique utilité ce matin. Je n'ai pas envie de manger la bouillie que Lucie m'a préparée, même si elle est faite avec amour. Je n'en peux vraiment plus des céréales sans sucre et des lentilles sans sel… Et je commence à loucher sur les croquettes de ma chienne Boulette. Et ses biscuits au poulet, je n'avais jamais remarqué qu'ils sentaient aussi bon !

Les conditions sont tout de même sacrément rudimentaires, il est sûr que ce n'est pas le Club Med et « Bienvenue à Galaswinda »…

La nuit suivant la cérémonie a été assez perturbée. Les plantes semblant continuer leur cheminement dans mon esprit… les rêves ont paru s'enchaîner à vitesse grand V.

Dans un premier rêve, je me souviens que je retrouve Éric, l'associé de mon père, d'un tempérament très anxieux. Je le croisais régulièrement derrière la maison de ma grand-mère décédée, à Saint-Sulpice-de-Royan. Maison dans laquelle j'ai habité durant plus d'une dizaine d'années, le garage étant le « dépôt » des ouvriers de leur entreprise de construction de maisons individuelles. Éric est très agité, et semble très énervé contre mon père et moi, je ne sais pas pourquoi.

Le second rêve se passe sur une route, qui ressemble à un endroit près de la maison de ma grand-mère également. De nouveaux cette fameuse maison familiale, que j'ai quittée un an auparavant pour venir m'installer en Dordogne. Je roule en scooter, derrière une voiture avec le coffre ouvert et rempli de peinture. Je pense à ma cousine, qui est peintre. Alors que la voiture s'arrête, je constate que c'est bien ma cousine au volant, habillée en sorcière. Il y a du monde dans la maison. Nous nous saluons, un peu surprises de se retrouver là. Nous ne savons pas trop quoi nous dire. Une amie à elle qui semble me connaître me dit bonjour et me confie qu'elle est très heureuse de me voir. Je suis un peu surprise car je ne la reconnais pas. Je rêverai ensuite beaucoup de cette maison, notamment d'un groupe d'adultes handicapés que je recevais régulièrement pour leur faire bénéficier de séances de sophrologie, ces derniers étant, pour la plupart, très réceptifs aux états élargis de conscience. Puis, d'autres rêves, dans lesquels pas mal d'individus envahissent le salon de cette maison, qui était également l'endroit où je recevais mes patients en individuel.

Je rêve aussi de ma grand-mère, elle est dans ma chambre, nue. Alors que nous dormons dans la maison avec mon père, elle semble vouloir nous faire comprendre quelque chose, et griffe les murs avec ses ongles…

Ces rêves m'interrogent. Particulièrement le fait qu'ils soient tous en lien avec cette maison familiale, maintenant vendue, et dont l'héritage m'a permis l'acquisition de mon nouveau nid, au cœur du Périgord noir. Le surplus me permettant également de pouvoir prendre maintenant un peu plus de temps pour moi et ma « quête de sens », comme, entre autres, de participer à cette retraite chamanique.

Il est à présent temps de méditer, accompagnée par la plante amazonienne que je diète, et qui a pour vertu d'éclaircir mon esprit et ma « vue », selon les dires du curandero. Prendre un peu de recul sur les choses pour avoir une vision plus claire, un peu comme un chasseur dans la forêt, ne pas se laisser surprendre ou distraire par l'agitation environnante, mais cibler plus précisément l'objectif à atteindre.

Le fait de n'avoir rien d'autre à faire ici, et notamment, vous vous en doutez, pas d'écran pour nous distraire et nous écarter de la trajectoire souhaitée : l'Éveil fait que le temps peut paraître parfois se distordre. Le temps n'étant qu'une illusion dans le monde spirituel, je constate plus que jamais sa relativité, sous ma petite tente au cœur de la forêt.

Alors que j'oscille entre rêverie, méditation et siestes… le tambour de Juan me ramène de mes songes, invitant maintenant tous les participants à se réunir près de la grande tente, pour une pratique chamanique guidée par ce dernier.

Nous voilà à présent de nouveau réunis. Nous pouvons lire sur nos visages respectifs le travail psychique qui s'intensifie. Évidemment, le vécu de chaque stagiaire est très différent, selon ce qui a besoin de travailler en lui ; quoi qu'il en soit, au vu des traits plus tirés sur certains, et les regards plus hagards pour d'autres… le travail introspectif commence à « magner la couenne » à toute la petite tribu.

Je me demande alors quelle tête je peux avoir moi-même. Ayant pour seuls miroirs les yeux des autres participants, je ne vois maintenant plus que de la compassion, comme celle que j'ai à leur égard.

J'ai aussi beaucoup de gratitude pour eux, pour ce travail introspectif, que nous menons en nous, pour notre bien et par là même pour le bien de tous… ce qui peut sembler paradoxal ; pourtant, soyons bien conscients que c'est par notre salut que nous participons au salut du monde. Comme disait Mahatma Gandhi : « Sois le changement que tu veux voir dans le monde » !

J'ai également beaucoup de gratitude pour Juan, et pour ses assistants, notamment pour Amor, dont la voix sacrée et la lumière accompagnent Juan lors des cérémonies. Un frère protecteur, à l'attention et l'intention pures, qui veille sur nous comme un ange gardien.

Deux anges gardiens, dont « l'âme-agit » « au-Père ».

Nous commençons donc la pratique du jour. Un exercice en extérieur (*la pluie s'étant arrêtée de tomber depuis quelques heures, Alléluia*) que nous pratiquerons les yeux bandés, qui a pour but de « sentir » son corps dans l'espace, et de développer d'autres sens que celui de la vue. Un autre intérêt non négligeable de ce dernier étant de développer la cohésion de groupe, en gardant à l'esprit que nous ne sommes pas seuls pendant cet exercice, et rester vigilants envers ceux qui nous entourent, tout en ne restant pas statiques non plus. Et, peut-être, oser également braver ses peurs de l'inconnu, et les obstacles.

J'ai vraiment trouvé cet exercice très intéressant. Ce n'est pas la première fois que je le pratique, mais je pense qu'il aide à rester vigilant et « à l'écoute ». Aussi, lorsque le curandero nous prend consécutivement par la main pour nous faire courir à ses côtés, toujours les yeux bandés, c'est le « lâcher-prise » et la confiance qu'il faut alors mettre en lumière en soi... ce qui n'est pas toujours chose facile. Pour le reste du groupe, continuant d'avancer à l'aveugle, vu de l'extérieur je me dis que ce doit être drôle. Entre ceux qui avancent timidement et les plus bourrins qui n'ont pas vraiment compris le sens de l'exercice, semblant oublier qu'ils n'étaient pas seuls dans l'espace.

Gracieusement et synchroniquement parlant, on doit plus ressembler à un regroupement de manchots borgnes qu'à un vol d'hirondelles.

« *Si vous avez un vélo, c'est pour apprendre à pédaler.* »

Juan

Un soin du feu de Dieu

La pluie a repris dans la nuit. Les jours se suivent sous ma petite tente, mais, finalement, ne se ressemblent pas. Enfin... Ils semblent se ressembler extérieurement, mais intérieurement le travail se fait, et des changements s'opèrent.

Je fais de plus en plus de rêves.

Hier soir, Juan est venu faire un soin individuel à chacun. Passant de tentes en tentes, nous entendions sa voix résonner dans la forêt, d'où qu'il soit.

Après mon soin, je me suis endormie presque aussitôt.

Je me rappelle qu'avant de m'endormir, j'ai une chanson qui tourne dans ma tête, une phrase de cette chanson en particulier :

« Tout le monde est une drôle de personne, et tout le monde a l'âme emmêlée… »

Puis je me souviens qu'en commençant à m'endormir, j'ai des flashs de certains passages de ma vie, surtout durant l'enfance. Alors, ma plante diétée et moi-même réconfortons les Amélie blessées et meurtries, en revisionnant ces passages de ma vie. Nous « leur » disons que toutes ces difficultés vont la mener vers un bonheur incommensurable : un chemin d'éveil.

Puis je m'endors un peu plus profondément.

…

Mes rêves ont alors été encore plus bouleversants qu'après la première cérémonie.

En effet, dans un des rêves qui s'ensuivirent, je suis en train de balader ma chienne, Boulette, à Saint-Sulpice-de-Royan, là où j'avais l'habitude de la promener quotidiennement, lorsque j'habitais encore dans cette maison familiale. Sur le chemin du retour à la maison, je constate qu'il y a deux avions dans le ciel… mais il y a un problème : ils sont très proches, et semblent voler très bas. Je me rends compte également que les avions sont coupés en deux, comme si toute la partie arrière avait été arrachée. Le temps de faire ce constat stupéfiant, je prends conscience que ces avions vont fatalement s'écraser, alors j'essaye de protéger ma chienne de l'explosion imminente. Les deux avions s'écrasent alors sur la maison de ma grand-mère, et dans ce KO, couplée des débris des deux carcasses, de la lave coule vers nous, comme si elle jaillissait de l'intérieur de la maison. Je tire alors ma chienne, pour la protéger de nouveau… La coulée de lave la touche, mais j'ai le temps de la tirer suffisamment pour qu'elle ne se brûle pas. Ouf, quel soulagement, j'ai eu très peur. Je pense aussitôt à mon chat, et je cours voir s'il va bien. Re-ouf... il va bien également.

Mais je ne sais plus où aller.

Je me retrouve alors chez mon ami Joe. Il me prend dans ses bras pour me réconforter. Je me sens apaisée, puis je m'endors.

Enfin... je m'endors dans mon rêve, puisque je dors déjà !

Durant un autre rêve, un peu plus tard, je me trouve face à un bâtiment, avec des barreaux, qui me font penser à des barreaux de prison. Je vois alors mon meilleur ami, Dimitri, passant sa tête à travers les barreaux. J'entends que des amis se moquent un peu de lui, car il ne se rend pas compte qu'il est en prison. *(J'ai souvent tenté d'initier mon ami à la spiritualité, mais ce dernier n'est pas vraiment ouvert à cette idée... malgré toutes les expériences que je lui partage. J'ai l'impression qu'il me croit sans y croire.)*

Après cette nuit intense, j'ai vraiment l'impression d'avoir fait du grand nettoyage. Surtout lorsque la maison familiale a explosé ! Ce n'est pas rien, tout de même... Du coup, je me sens lessivée. Un peu comme si j'étais passée dans une machine à laver, mais sans le savon. Les inconvénients d'être dans le tambour, mais sans les avantages ! *(Oui, je précise que nous ne pouvons nous laver qu'à l'eau durant toute la semaine.)* C'est drôle, en écrivant la métaphore du tambour en cet instant, je repense au tambour chamanique, et à mon envie viscérale de mettre la tête à l'intérieur lorsque le curandero joue, tellement j'ai la sensation qu'il me ramène à la vie !

Quoi qu'il en soit, il est déjà temps de se préparer à la seconde réunion. Je m'en réjouis. Que vais-je vivre cette fois ? Qu'est-ce que les esprits vont me montrer ? ...

Bingo ! Je croise deux serpents dans l'herbe, juste avant de rentrer dans le tipi. On dirait deux petites couleuvres. Incroyable... Serait-ce ceux à qui j'ai demandé pardon ? Vont-ils de nouveaux m'inviter à les suivre ce soir ? Quoi qu'il en soit, je ne doute pas que ces reptiles soient annonciateurs d'une réunion particulièrement intense...

Je sais qu'il n'y a pas de hasard. Comme l'écrit mon amie Cindy Nicolas dans la préface de mon livre *Ton cœur connaît le chemin* : « Le hasard, c'est Dieu qui voyage incognito ! »

Bref, j'essaie de ne pas trop y penser. Nous nous installons de nouveau en cercle, à l'intérieur du tipi. Pas de feu ce soir. J'ai très froid.

Après les rituels d'ouverture de cérémonie, je m'emmitoufle dans mon duvet. Même avec mes deux paires de chaussettes, mon duvet, les couvertures qui me recouvrent jusqu'au sommet de la tête, je suis toujours frigorifiée. Mais c'est un froid irrationnel, que je semble être la seule à ressentir. J'ai l'impression d'être en Sibérie, sur une banquise.

Re-bingo !

Je repense à la carte que j'ai tirée, avec les pingouins… Elle fait sens maintenant. Quelque chose doit travailler en moi, et ça se traduit comme ça. Je dois faire avec… pas le choix. Le froid que je ressens depuis le début de la semaine, même s'il est moindre comparé à ce que je ressens maintenant, n'est certainement pas un hasard non plus. Je me dis que, dans ces circonstances, la soirée risque d'être longue. Pourtant, malgré ce froid saisissant, j'essaye de « voir » des choses se dessiner sous mes paupières closes… mais les heures passent, et je ne vois toujours rien. C'est très inconfortable, et très frustrant.

Après ces heures si frustrantes, quelque chose me dit de « lâcher prise », et de ne pas chercher à voir… Ce quelque chose m'invite à revenir à l'intérieur de moi, dans mon corps, ou plutôt… dans mon cœur !

C'est alors qu'il se passe quelque chose d'incroyable. Ma chienne, Una, partie rejoindre les étoiles douze ans auparavant, apparaît face à moi. Elle me dit qu'elle est toujours là, dans mon cœur. Elle me dit qu'elle veille sur moi et sur ma chienne, Boulette, sa « relève ». Elle me dit également que mes acouphènes et ma surdité ont débuté lorsque je l'ai « perdue »… et que j'ai semblé perdre, par là même, son amour inconditionnel. À ce moment-là, j'ai l'impression que mon cœur est en ébullition, et puis, j'ai l'impression de comprendre tellement de choses sur certaines périodes de ma vie. De nouveau, tout fait sens, tout s'éclaircit ! Alors que je pleure à grande eau sous mon duvet, je sens mes larmes couler sur mes joues… puis dans mes oreilles. Je les sens même couler à l'intérieur de mes oreilles, comme pour me « déboucher »… C'est surréaliste, mais pourtant vrai.

Je suis tellement heureuse de voir et ressentir ma chienne… C'est un bonheur incommensurable.

Aussi, presque simultanément, sans avoir vraiment le temps de réaliser ce qu'il se passe, je vois des portes s'ouvrir face à moi.

À travers la première porte, débordante de lumière, le chien de ma voisine de droite vient me faire passer un message pour elle, je comprends que je dois lui dire qu'il est là lui aussi, qu'il veille sur elle, et qu'il veillera toujours sur elle.

Puis les messages s'enchaînent, surtout des messages à transmettre, notamment pour mon père. Je retrouve en effet mon grand-père, qui souhaite lui demander pardon d'avoir été aussi dur avec lui. Il exprime que c'est par amour qu'il était aussi rigide, car il pensait bien faire. Puis la grand-mère de ma mère fait une apparition, pour montrer qu'elle est toujours là. Ma fille, repartie de mon ventre lors de mes trois mois de grossesse, me signifiait qu'elle était toujours là elle aussi, comme un petit ange gardien, invisible jusque-là à mes yeux… mais qui veille pourtant toujours sur moi.

Autant vous dire que l'émotion, elle aussi, était au rendez-vous.

Suite à ce nouvel épisode, je vois de nouveau des passages de ma vie défiler sur mon écran mental, notamment une période particulièrement sombre ; je réconforte l'Amélie que j'étais à cette époque et comprends que je devais traverser cette étape dans mon parcours de vie, et même… que je l'avais choisi avant de m'incarner une nouvelle fois sur cette Terre. On me dit que j'ai choisi ce parcours de vie pour évoluer, pardonner… et m'éveiller.

Tout cela peut paraître difficilement concevable, mais c'est pourtant bien réel.

Puis, passées ces nouvelles révélations sur ma « mission » de vie, je commence à me laisser porter par la voie du curandero, je n'ai pas eu de vision claire du serpent cette fois… mais je le sens ! Il me mène dans les profondeurs de la matrice… je me sens totalement connectée avec tous les esprits qui m'entourent, notamment celui du curandero ; je sens alors que quelque chose me traverse et que je ne saurais décrire, comme si un esprit très puissant s'incarnait en moi ! Tout le monde sans exception vomit. La force en moi me dit clairement que nous devons pardonner, pour nous éveiller.

J'ai encore du mal à réaliser tout cela.

Ce que je suis amenée à vivre ensuite est au-delà de tout ce que la partie rationnelle de mon être incarné est capable de concevoir : j'expérimente une voie d'éveil, comme si j'approchais la mort pour comprendre qu'elle n'existe pas, que c'est juste un réveil à la réalité !

C'est incroyable.

En effet, lorsque l'homme du feu ralluma ce dernier, je sentais que j'avais du mal à revenir à moi et à interagir avec les autres… J'étais partie tellement en profondeur qu'il m'était très difficile de revenir. J'ai commencé alors à sentir monter une peur effroyable : la peur de perdre la raison ! Et par là même, peur aussi d'être séparée de mes animaux et de mes proches… De les laisser seuls. Puis j'ai passé des caps, au-delà des attachements, et de la noirceur des égrégores de l'ego… et je revenais progressivement à la source… À l'esprit Saint… À Marie… À Dieu… Ils étaient incarnés dans le corps d'autres participants ! Tous avaient un rôle bien défini à jouer. Ils me disaient que tout allait bien, que mes animaux et ma fille vivaient quoi qu'il en soit également de l'autre côté, et que c'était normal pour moi de vivre ça aujourd'hui, mais que j'allais revenir sur Terre. Ils me montraient le pouvoir de nos pensées dans la réalité que nous projetons… que le hasard n'existe pas plus que le temps et l'espace et nous scénarisons notre propre film, mais tout ça n'est pas vraiment réel. Tout était synchronicités à ce moment-là ! Je pouvais même anticiper absolument tous les moindres gestes et paroles de tous les êtres qui m'entouraient ! J'ai reçu en suivant une pluie d'enseignements, particulièrement sur le pouvoir du pardon et les rouages de l'ego, c'était alors comme si je plongeais dans l'ego pour le transmuter en lumière ! C'était surréaliste, mais j'ai pourtant vu clair comme jamais, TOUT faisait sens en cet instant !!

J'ai beaucoup crié durant la cérémonie. Les peurs que je semblais exorciser ont rendu la tâche délicate au curandero, car tout le monde a été très bousculé, bien sûr. Ils ont dû me doucher longtemps à l'eau froide pour me « ramener » à moi… Évidemment, après avoir vécu ça, il me fut impossible de trouver le sommeil. J'ai alors pris conscience que ce que j'ai vécu, c'est ce qu'a vécu durant son EMI l'héroïne de mon livre *Ton cœur connaît le chemin.*

Aussi inconcevable que cela puisse paraître, tout fait sens à présent.

Après une heure trente de douche froide, le curandero me ramène jusqu'au tipi. Assis face à moi, il fredonne maintenant un chant sacré pour m'aider à me réancrer à la terre… Je suis partie tellement loin ce soir ! Mais alors que les choses semblent revenir à la normale, c'est là que le plus fascinant se produit : je vois le visage du curandero se transformer en serpent ! La métamorphose visuelle part de son œil gauche et progresse dans tout son visage… Je suis face à un homme au visage de serpent ! J'ai les yeux ouverts et ce que je vois est d'une précision indescriptible… C'est absolument fascinant !!

À la fin du chant, son visage reprendra enfin forme humaine, mais cette vision restera ancrée à tout jamais dans ma mémoire.

Je ne saurais plus dire tout ce que j'ai reçu des esprits ce soirlà, mais après que le chaman retourna à sa place, pour clôturer la cérémonie, j'ai vu apparaître une nouvelle porte, intensément lumineuse, que j'ai traversée en toute quiétude.

Derrière cette nouvelle porte, je baigne dans la lumière, je vole avec les esprits, mes guides, et les esprits volent pour moi. Moment de grâce absolue, dans un amour incommensurable.

Les mots me manquent.

Volo…

Com un aiglo…

…

J'entends toujours le tambour de Juan me porter dans ce voyage divin, je ressens alors un amour et une compassion infinie pour tous les êtres qui m'entourent, puis cette compassion s'étend à tous les êtres. Comme si mon cœur était grand ouvert et débordait d'amour après tout ça.

J'ai l'impression de rentrer à la maison… D'être maintenant dans la réalité, et que l'illusion, c'est notre vie terrestre, dirigée par l'ego et le corps mental, qui crée le monde que nous voyons !

Je comprends que nous sommes UN seul et même esprit, semblant divisé en une multitude de personnages. Comme dans un mauvais rêve que nous avons créé, mais qui n'entame en rien la réalité de notre âme : intemporelle, inconditionnelle, infinie…

Je conçois que ça puisse sembler fou… Mais cette grâce est difficile, voire impossible à décrire avec des mots. Les mots sont tellement limitants. Et cette sensation de plénitude, de bonheur, d'amour inconditionnel, je ne l'ai jamais ressentie dans ma vie « terrestre ». Je repense aux témoignages de personnes ayant expérimenté une Kundalini[7] ou une expérience de mort imminente, ils décrivent presque tous la même chose : quelque chose d'indescriptible !

Je remercie les esprits de m'avoir permis d'entrevoir cette grâce divine l'espace de quelques instants, ou de quelques heures… À vrai dire, je n'ai aucune idée du temps que ce

---

[7] Kundalinī est un terme sanskrit lié au Yoga qui désigne une puissante énergie spirituelle lovée dans la base de la colonne vertébrale. Chez l'homme ordinaire, la kuṇḍalinī demeure dans un état dit « de repos », elle est « endormie » dans le chakra mūlādhāra, qui est la racine de Suṣumṇā et de toutes les nāḍī.

voyage a duré ! Il me semble avoir duré 5 minutes, pourtant le jour se lève maintenant sur la forêt.

Il semble que le temps lui aussi soit une illusion…

Prière aux quatre directions

Créateur, c'est moi qui te parle. Merci pour le lever du soleil d'aujourd'hui, pour le souffle et la vie en moi, et pour toutes tes créations. Créateur, entends ma prière, et honore ma prière.

Alors que le jour commence avec le soleil qui se lève, je demande, Esprit Gardien de l'Est, Frère Aigle, sois avec moi. Vole haut alors que tu portes mes prières au Créateur. Puissent mes yeux être aussi perçants que les tiens, pour que je sois capable de voir la vérité et l'espoir sur le chemin que j'ai choisi. Guide mon pas et donne-moi du courage pour parcourir le cercle de ma vie avec honnêteté et dignité.

Esprit Gardien du Sud, Loup, sois avec moi. Aide-moi à me rappeler d'aimer et de ressentir de la compassion pour tous les Hommes. Aide-moi à parcourir mon chemin avec joie et amour pour moi-même, pour les autres, pour les êtres à quatre pattes, les êtres ailés, les plantes et toutes les créations sur la Terre-Mère. Montre-moi qu'il est bon pour moi de prendre des décisions avec le cœur, même si parfois, mon cœur est blessé. Aide-moi à accroître et à nourrir mon estime de moi-même par tous les moyens.

Esprit Gardien de l'Ouest, Ours Brun, sois avec moi. Apporte la guérison à ceux que j'aime et à moi-même. Apporte l'équilibre entre le physique, le mental et le spirituel, pour que je puisse connaître ma place sur cette Terre, dans la vie et dans la mort. Guéris mon corps, guéris mon esprit et apporte lumière, joie et conscience à mon esprit.

Esprit Gardien du Nord, Bison Blanc, sois avec moi. Alors que chaque jour passe, aide-moi à rendre, avec grâce, les choses de ma jeunesse. Aide-moi à écouter le calme, et à trouver la sérénité et le confort dans les silences lorsqu'ils se prolongent. Donne-moi la sagesse pour que je puisse faire des choix sages dans toutes les choses qui se présentent à moi. Et lorsque le moment du changement de mondes est arrivé, laisse-moi partir paisiblement, sans regret, pour les choses que j'ai négligé de faire alors que je parcourais mon chemin.

Terre Mère, Merci pour ta beauté, et pour tout ce que tu m'as donné. Rappelle-moi de ne jamais te prendre plus que ce dont j'ai besoin, et rappelle-moi de toujours redonner plus que je prends.

Prière Lakotas

Amélie Galiay

Sagesses vivantes de la vieille mère Salothe

Pénélope Morin

Une grand-mère assassinée

L'eau et le feu s'enlacent et se prélassent pour que seul Samuel Colt ait la prétention dans l'Histoire de rendre les humains égaux. La plus grande fidélité s'apparente au comportement d'un chien pour l'humain plein de jugements de valeurs, alors que son plus parfait synonyme est simplement Foi.

Mathilde a treize ans, adolescente singulière du XXIe siècle, descendante d'un peuple sacré par la langue de feu, elle entame une existence paisible et sans nuage dans un univers au sein duquel le feu n'est déjà plus ce que l'on imagine. Dès lors que la vieille mère Salothe lui a fait découvrir les mystères et les secrets du feu de l'esprit pour émerveiller le quotidien à travers l'espace et le temps par ses connaissances antiques des mystères de l'Indus.

Saura-t-elle se libérer du feu qui l'habite sans y laisser les plumes de ses ailes d'ange et calmer la fournaise d'êtres lubriques ? Pourra-t-elle se protéger ainsi que les siens du feu des armes qui les menace ? Levant les yeux au ciel pour inspirer son répondant caractéristique d'une enfant des étoiles, accompagnée de saints déjà bien peu discrets pour quelques adeptes des joies sybarites.

Ta foi te dicte de te taire et de souffler. Silence ! Écoute !

Tu es sage et obéis, ou bien gare à toi, Salothe ! Tiens ta langue ! Ou le bienheureux qui s'ignore te sommera de sucer ! Tel un ordre de survie mutuel d'un Pompée jouisseur et d'une Salothe assumée. Des jardiniers de haut vol ! Laboureurs à leurs heures perdues qui utilisent leurs mains à des flux de tendresse infinis sur la voie de l'oie blanche.

Ces deux-là nous étonnent à chaque entrée en scène. Malgré de nombreux satellites extrêmement encombrants, tel un véritable système solaire en pleine révolution. Ils ne résistent pas à ce reflexe nourrisson menant à l'extase créatrice et développementale d'un univers trinitaire, d'une neuvième symphonie planétaire, du jardin d'Éden menant au sixième et dernier étage. Le nirvana selon eux ! Entourés de bleu.

La vie leur donne parfois la sagesse d'atteindre le neuvième ciel. Celui où le cosmos entre en communion avec l'univers. Où Pierre et Marie Curie découvrent l'uranium. Où Dieu existe en délivrant l'énergie d'une conscience infinie où plus rien n'a de pouvoir, où la politique abat les cartes, où les pyramides n'ont point de secret, où le taxi fonce dans l'étoile pour tourner autour de l'arc de Triomphe, prenant la voie de la destinée ou la rue Galilée et la puissance du feu de l'esprit dès lors qu'il aura choisi de bénéficier de sa priorité à droite sur l'avenue des Champs-Elysées.

La plus belle avenue du monde, considèrent les touristes amoureux de la lumière artificielle en pleine révolution quantique. Devons-nous cesser d'aimer quand on cesse d'être amoureux ?

« *Ability is nothing without opportunity* », « La capacité n'est rien sans l'opportunité » citait le célèbre, glorieux et court sur pattes Napoléon, stratège de guerre en pire, n'ayant de cesse de faire bâtir des mausolées monumentaux à chacune de ses victoires pour laisser une trace d'illusions indélébiles à l'histoire de l'Architecture et de la Guerre. Son code, toujours d'actualité, réduisant finalement les femmes à un état de minorité perpétuelle pour les protéger, bien qu'elles aient réussi à acquérir une certaine liberté. Enfermé à Sainte-Hélène pour imposture, narcissisme et affairisme, une seule vie ne suffirait pas à l'âme de cet homme difficilement gérable selon une Joséphine triomphante.

Pourquoi se haïr ? L'imaginaire est plus fort que la haine. La chute de l'Humanité a plongé la femme dans une sujétion humiliante à l'égard de l'homme, parce que l'homme lui-même avait commencé à s'assujettir aux maux. Pardonnons-nous à grande échelle !

La grandeur d'une mission n'est-elle pas avant tout de bâtir des ponts en unissant des hommes, des femmes, des enfants pour une cause commune ? L'Orient et l'Occident ne sont-ils point deux parties complémentaires et indispensables l'une à l'autre de la même sphère ? Il n'est qu'un luxe véritable et c'est celui des relations humaines. Nos divisions, nos luttes, nos injures sont celles d'un même corps qui se contracte contre lui-même et se déchire dans le sang de l'enfantement. Hâtons-nous de donner avant de recevoir et de bâtir avant d'habiter. De fonder l'Amour pour les siens par le don du sang, comme la mère fonde le sien par le don du lait. Là est le Mystère. Celui de la petite graine de paix durable. Commençons par le sacrifier par révélation pour fonder l'Amour et l'harmonie des genres. Ne sommes-nous pas toutes et tous de sacrés numéros ? Ayant passé le portail le plus sacré du monde pour venir expérimenter la vie terrestre. La femme, la mère. Pour commettre un adultère, il faut être adultes. Jules Ferry a rendu les maîtresses gratuites et obligatoires. Ce n'est pas une raison pour en abuser dès l'enfance et les imposer.

La vieille mère Salothe, par l'Esprit digne, sollicite de sacrifier le mystère et l'emploie à d'autres victoires multiples et collectives. Le bienheureux peut arrêter d'ignorer et de s'ignorer pour révéler et se révéler. Il doit toujours faire le premier pas, naître avant d'exister pour sucer la vie, embrasser les étoiles et regarder le soleil en face sans être arrosé par la masse aveugle d'une foi branlante qu'une seule goutte changerait en homme. Contrôler ses pulsions et respecter l'Autre, quel qu'il ou quelle qu'elle soit, petits et grands. La force d'un grand homme ne se mesure pas en centimètre.

Petite Mathilde, la stabilité et la sécurité matérielle satisfont l'ego, notre mental pour survivre dans ce monde. C'est de la survie et c'est à cela que sert l'égo. Il est la pièce maîtresse qui sert à se défendre et défendre la liberté d'être qui nous sommes. Nous allons de pair avec l'homme par la complémentarité que nous lui apportons, et dont il ne peut se passer pour être tout lui-même.

L'égo a parfois besoin de se tapir dans un coin, se reposer et intervenir au cas où l'âme est en danger. Il intervient alors, comme un jaguar sortant de l'ombre pour sauver la dose minimum vitale à la survie : la dignité ! Il donne la force d'aimer au point de trouver la puissance qui aimante. Pour être aimé, il faut être aimable.

Dignité d'une jeune fille, d'une mère, d'une sœur, d'une amie, d'une femme. C'est ainsi que nous pouvons sauver notre âme en tant qu'espèce humaine et divine pour ceux qui croient au Sacré et à sa puissance. Rien n'empêche de vivre librement, en paix et dans la joie, car c'est cela la vraie stabilité, la vraie sécurité, et elle est émotionnelle avant tout. Émotionnelle et non sexuée. Nous avons toujours le choix de notre manière de réagir et il n'y a point de faute à rejeter, point de peine, point de voile. Prenons notre part, une bonne fois pour toutes, car les enfantillages ne sont plus tolérés désormais. On ne prend pas de grande décision simplement pour un instant de pur plaisir éphémère obligeant au silence éternel. Alors, anticipons, pesons nos mots et nos actes pour inviter la tolérance, l'auto-dérision et la légère pureté des intentions magnanimes pour un avenir serein et fondateur. En effet, dans tous les cas où l'homme est responsable de ce qui offense la dignité personnelle et la vocation de la femme, il agit contre sa propre dignité personnelle et contre sa vocation. Arrêtons donc de nous agiter.

Au-delà de l'intention, il existe l'attention, permettant de créer un processus de cohérence dans la nature, qui réduit le hasard des choses en les dirigeant vers une évolution précise et ordonnée. L'érotisme est subtil, il se doit d'être sobre et prudent. À travers le temps et l'espace, les jeunes filles se parent et naïvement s'exhibent car on ne les prévient pas. On leur interdit souvent, on ne leur explique pas suffisamment les risques qu'elles encourent en se dévoilant. Parce que ces risques sont aussi joies, plaisirs et bonheur de temps en temps. Maîtrise et prudence sont les deux compères précieux d'une femme au-delà de ses ombres pour que jamais personne n'ait la maussade intention de croire que le silence perdure après la mort.

La tendresse persiste et signe au-delà des frontières, elle nettoie sans limite les passés ignorants pour enfanter la vie et le don de soi.

Constatons combien l'eau du bassin est troublée après la fête. Ils ont dansé au bal, ils ont travaillé, au service de qui, de quoi ? Ils ont rencontré des gens, des individus, qui avaient comme on dit : leur caractère. Des personnes ou des personnalités ? Des personnages ?

Ils ont vécu pas mal d'histoires, je ne dis pas qu'ils étaient des hommes à femmes, ou des femmes à hommes, je fais allusion à d'autres aventures. Des explorateurs du subconscient, de l'inconscient, du plaisir de jouir de la vie. Certaines choses vont de pair, comme : les lunettes, les seins, les jumelles, les jumeaux, les pantoufles, les couilles et les baffes. La capacité de jouissance étant la capacité d'un individu à avoir le droit de jouir.

Contrairement aux vraies rencontres, l'art taupière stupéfie. Pourquoi le pied de la fontaine est-il ruisselant, brillant quand le jet d'eau est coupé ?

If, en anglais, signifie, si. Si si ! Je suis sciée, pas vous ?

Un jour, elle a noté que la taille signifiait à la fois l'ampleur et l'action de la limite. Elle a prêté l'oreille à la musique des formes, s'est mise au diapason, et enfin a entendu d'autres rythmes que celui de son sang. On s'étire dans un jardin, berceau élargi pour réfléchir le monde. Réfléchir au monde ou le rêver. Pleurs du cèdre, crises de rire et polypes du buis. Il faut avoir l'impression d'aller quelque part. Du point U au point V, par exemple. Je suis modeste, j'aurais pu dire de A à Z. Vouloir ne pas être la même au départ qu'à l'arrivée. Mon ami définit ainsi la nouvelle, les obstacles feraient grandir le désir. La dignité de la femme témoigne de l'amour qu'elle reçoit pour aimer à son tour.

Faut-il de tout pour faire un monde ? Le mal est-il nécessaire ? Partir en restant, devons-nous apprendre à voir les ruines plus belles que des palais ? Saurons-nous préserver la beauté du monde ?

C'est le véritable ordre de l'amour qui définit la vocation de la femme elle-même. Il s'agit ici de la vocation dans le sens fondamental, on peut dire universel, qui se réalise et s'exprime par les « vocations » multiples de la femme dans le monde. La force morale de la femme, sa force spirituelle, rejoint la conscience du fait que l'homme lui est confié, l'être humain, d'une manière spécifique. Tout humain est confié naturellement à tous et à chacun pour aider et s'entraider. Toutefois, cela concerne la femme d'une manière spécifique, précisément en raison de sa féminité, et cela détermine en particulier sa vocation. À partir de cette prise de conscience et de ce qui est confié, la force morale de la femme s'exprime à travers les très nombreuses figures féminines à toutes époques connues et inconnues, jusqu'à nos jours. Même dans des conditions de discriminations sociales, la femme porte un rôle fondateur dans le monde et dans la famille humaine. Le pôle mâle et le pôle femelle ne peuvent créer l'un sans l'autre. Cela la rend « forte » et affermit sa vocation. Ainsi, la femme vaillante devient un soutien irremplaçable et une source de force spirituelle pour les autres qui se rendent compte de l'énergie considérable de son esprit. À ces « femmes vaillantes » sont très redevables leurs familles et parfois des nations entières. À notre époque, les réussites de la science et de la technique permettent d'arriver à un bien-être matériel d'un degré inconnu jusqu'alors, et cela tandis que certains en sont favorisés, en conduisent d'autres à la marginalisation. Dans ces conditions, un tel progrès unilatéral peut aussi entraîner une disparition progressive de l'attention à l'homme, à ce qui est essentiellement humain. En ce sens, surtout de nos jours, on compte sur la manifestation du « génie » de la femme pour affermir l'attention à l'homme en toute circonstance, du fait même qu'il est homme ! Maître de son énergie. L'humour est, rappelons-le, loin d'être une science exacte. S'il est futile, il n'est pas frivole, et s'il est léger, il n'est pas à prendre à la légère. Il peut aussi avoir une vraie portée morale qui risque d'être mise à mal lorsqu'il se traduit par ce ricanement généralisé, de plus en plus de mise, hélas, dans le paysage médiatique. L'humour est « l'art d'exister » ou encore une façon d'offrir « des idées de profil » pour la culture internaute et, pourquoi pas, bientôt, intersidérale, ne laissant plus aucune chance à la naïveté et à la candeur. Mais nous trouverons quand même des perles au XXIe siècle, alors même que nous découvrirons qu'en 1909, il y avait en Bretagne treize maris pour une seule femme alors qu'il n'y avait que deux tiers d'hommes pour une candidate au mariage, et que l'on devait utiliser un gousset mobile pour lutter contre la sueur des aisselles. De toute façon, en -52, César avait complètement la Gaule.

La foudre est tombée, traverse et apprend à marcher, applique le respect en tout. Depuis lors, apprends à voler Mathilde, préserve tes ailes, n'accepte jamais d'être poussée pour changer de place et préserve le sens, de l'humour.

Le globe est ressorti sans tuer personne, cet œil de pierre a-t-il des cils ? Que verras-tu après ? Le naturel et le surnaturel ?

Peut-être rien, mais tu entendras les arbres marcher… et la musique des sphères.

Une fascination si nostalgique, voire passéiste, n'est-elle pas un peu bizarre ? Bizarre ? J'ai dit bizarre ? Le mot est lâché, car qui dit bizarre dit aussi insolite, curieux, singulier, rare, étonnant… Et voilà pourquoi la perle sera blanche ou noire et restera perle lettrée et illettrée. De toute façon, la loi est claire : en cas de veuvage, les deux conjoints doivent signer une déclaration commune. Veuillez simplement préciser si le sexe de votre conjoint a changé ou évolué pour améliorer le quotidien des enfants, petits et grands. Le métier de fonctionnaire consiste à fonctionner, l'air de rien. L'imparfait s'emploie quand tout n'est pas parfait et la corrida n'est qu'une scène de ménage entre mari et femme.

Jeunes filles en fleur, méfiez-vous, observez l'Agape
Mystère et silence sont armes de volupté
Attribuons la beauté de l'imparfait à une opportunité
Ton cœur décide de tout bonheur
Hissons la grand-voile de la victoire

Invisible et invincible conscience inattendue
Le bonheur est toujours décidé par le cœur
Donnant à l'âme beauté et bonté
Entrant alors dans la vertu de la pure dignité
Être une personne en est la clé
Il n'y a aucun secret, même pas de magie, le truc consiste simplement à Vivre
A conquérir la lumière enfouie au plus profond du cœur
Pour partager… le pouvoir des fleurs, essentiel et invisible pour les yeux.

Si l'amour est aveugle, pourquoi les femmes aiment-elles s'acheter de la lingerie fine ?

Grâce à la compassion, parviendra à son accomplissement définitif la vérité que « la plus grande, c'est la charité » (cf I Co, 13, 13).

Pénélope Morin

Esprit, es-tu là ?

Jean-Hughes Chevy

Dix minutes après avoir passé l'embranchement « Rosko » sur sa droite, Briac se gare devant les pierres de granit sombre collées au clocher du petit port. Le soleil est déjà haut. Il se frotte les paupières et s'extrait du véhicule. Inspirant l'air chargé d'iode du littoral, il secoue les mèches aile de corbeau, cousues des premiers fils blancs de la trentaine, qui encadrent son visage émacié aux yeux marron. Briac Leglas, inspecteur à la PJ de Paris. Un mètre soixante-quinze. Sa musculature longiligne, sans une once de graisse, flotte dans un costume sombre. Arrivé sur le parvis de l'église, il ouvre les bras à une Bretonne en jupe aux chevilles et corsage noir, les cheveux argentés sous un chapeau de paille. La grand-mère… Son mari, le vieux pêcheur, ne bougeait plus de sa chaise devant la fenêtre. Il regardait la mer. Un midi, il ne répondit pas à l'appel pour la soupe. Son épouse lui a fermé les yeux et téléphoné au docteur.

Les masques sont rares, les saluts brefs, les embrassades discrètes. Des hommes solides aux visages taiseux. Leurs femmes sanglotent sous les voilettes. L'oncle André est venu. Plus âgé, lui aussi est du genre mince et nonchalant.

— Tu as failli être en avance, remarque le tonton.

André l'invite à s'arrêter chez lui au retour. Briac lui doit bien ça. Quinze ans plus tôt, André l'a hébergé à Rennes, pour le lycée et la fac.

Le lendemain, sous un ciel bleu sans rides, les pneus de la Mégane crissent sur le gravier. Briac sort son sac de voyage et se dirige vers l'entrée. Son oncle est venu l'accueillir sur le perron.

Sa chambre n'a pas changé. Encombrée de bouquins et de matériel jusqu'au plafond. Briac réussit à se frayer un chemin vers un peu d'espace libre. Qu'importe ! Il se pose. Content d'être ici, dans ses souvenirs. Livres et figures ésotériques traînent partout dans la maison, avec les odeurs de formol, clou de girofle et autres produits d'embaumement. Retraité des pompes funèbres et féru de spiritisme, l'oncle André a toujours aimé faire tourner tables, guéridons et pendules. Sa manière à lui d'entrer en relation avec les disparus… et de garder le contact avec les clients.

À son retour dans la salle à manger, André exhibe fièrement un Saint-Émilion 2005, débouché du matin, et pose sur la nappe une potée bretonne aux saucisses.

— Je suis resté tenir compagnie à la grand-mère, hier soir. C'est dur pour elle, explique Briac.

— Elle a réussi à dormir ?

— Par épisodes. Et moi, je me suis réveillé plusieurs fois. J'ai fait un drôle de rêve : j'étais au bord de la digue, tu sais, sur le front de mer, et un gros oiseau est venu devant moi. Plus imposant qu'un goéland, rond, ébouriffé, noir et blanc, avec une tête de chouette et les yeux cerclés comme un panda. Pfuit, il s'est évaporé d'un coup.

— Un *oiseau-panda*, bravo ! C'est une *vision*. Cet animal n'existe pas dans la nature.

— Ravi d'avoir eu une *vision* authentifiée, plaisante Briac, et ça annonce quoi ?

— Cet oiseau, qui évoque un ours chinois, est secourable, bienveillant, empathique. Un présage bénéfique.

— Ça tombe bien ! réplique le policier.

— Désolé, cette évocation détonne dans les circonstances actuelles, s'excuse André.

— C'est dur, parce que j'avais plein de bons souvenirs avec le grand-père. J'étais son « petit moussaillon », qu'il disait. Il voulait m'apprendre le métier.

Briac s'interrompt, essuie une larme et reprend avec entrain :

— Chez toi aussi, il y a eu des moments épiques, quand tu jouais au médium, remarque-t-il en riant. Je me rappelle très bien la fois où tu as convoqué Surcouf…

— Ah oui, c'est mon copain de l'au-delà, ce corsaire malouin. Je le retrouve encore de temps en temps.

Pris d'une inspiration subite, André pousse les couverts pour dégager un espace. Il se lève, va fouiller dans un coin et revient avec l'air gourmand d'un conspirateur, et une tablette rectangulaire d'environ 40 cm par 30, épaisse d'à peine deux doigts. De teinte rouge orangé, elle comporte un alphabet majuscule imprimé en arc de cercle sur deux lignes, les chiffres de 0 à 9 sur le diamètre et, en dessous, comme base : « OUI » et « NON » de chaque côté. « AU REVOIR » au milieu. Sans autre ornement.

— Le ouija ! s'écrie Briac.

— Ah, tu te rappelles ? s'étonne l'oncle, légèrement narquois.

— Avec sa *goutte*, énonce Briac en s'emparant d'une sorte de souris de bois, oblongue, plate et large percée d'un trou, posée sur le plateau.

— Tu as bonne mémoire ! le félicite André. On s'en fait un, comme au bon vieux temps ?

Sans attendre la réponse, André baisse la lumière. Les deux hommes s'installent confortablement, plaçant chacun les extrémités de leurs doigts sur la *goutte*.

— Bonjour, articule André.

Le Parisien jette un coup d'œil machinal à sa montre : 23 h 53.

BAM, BAM, deux explosions retentissent, la maison tremble du sol au plafond, dans un concert de verres et de vaisselle ! Briac rentre la tête dans les épaules, prêt à se précipiter sous la table pour se protéger des chutes d'objets. André n'a pas sourcillé. Il attend que ça se calme.

— Un esprit frappeur. C'est sa manière de dire bonsoir, répond-il à la question muette. Reprenons.

Ils posent à nouveau leurs doigts. André enchaîne :

— Esprit, es-tu là ? déclame-t-il à la cantonade.

La *goutte* bouge sur le « OUI », seulement animée par son énergie propre, sans que l'un ou l'autre l'ait poussée de quelque façon que ce soit.

— Bonjour, qui es-tu ? demande André.

Le morceau de bois se déplace. La lettre « P » apparaît dans l'ouverture de la *goutte*.

— P, lit André.

Les doigts désignent ensuite avec autorité : « A P A ».

— PAPA ? questionne l'oncle.

La planchette file comme une flèche sur le « OUI ». Briac écarquille les yeux. Ils étaient à l'enterrement hier !

— Le papa de qui ? interroge André.

Briac a déjà retiré ses mains. Il crie :

— Bon, ça va. On arrête, tonton ! C'est pas drôle, là. J'en peux plus. J'adorais mon grand-père, et la mémé a pleuré et gémi toute la nuit. Qu'est-ce qu'elle va devenir ? Et toi, tu refais toujours le même cirque. Tu sais pourquoi j'ai évité de te voir pendant dix ans ? Parce que tu me fous les jetons avec tes fantômes ! Tu as pourri ma jeunesse avec tes cérémonies morbides. Voilà, c'est dit. Je vais dormir.

André bougonne qu'un drame vient de se produire quelque part dans le monde. Mais, dans notre vaste univers, il y a une tragédie à un endroit ou un autre à chaque seconde. Bonne nuit.

Le lendemain, alors que son neveu se prépare à reprendre la route, l'oncle insiste pour qu'il emporte la tablette ouija.

— Tu te rappelles comment ça marche ?

— Oui, tonton, tu m'as encore rafraîchi la mémoire hier soir.

Jeudi 22 juillet, au Bastion

De retour à la PJ, porte de Clichy, l'inspecteur Leglas traverse le dédale de couloirs en saluant, çà et là, les têtes connues, jusqu'à *l'open space* des enquêteurs. Pas le temps de s'asseoir que Sylvie, la secrétaire du patron, montre sa figure ronde de blondinette imperturbable. L'uniforme ne l'avantage pas, et sa grossesse commence à se voir. Elle lui adresse de la main un signe ascendant sans équivoque : on l'attend à l'étage.

Briac la suit. Elle l'annonce et, miracle, l'introduit immédiatement. Il salue son chef sur un ton neutre.

— Bonjour, Guy.

Le commissaire Coubrat. Stature imposante, la cinquantaine
dégarnie et enveloppée. Regard aiguisé, paupières lourdes dans
un visage joufflu éternellement bronzé.

— Salut, Briac. Ça va, pas trop chargé en ce moment ?

— Ben, je viens d'enterrer mon grand-père.

— Condoléances. Bon, j'ai un truc pour toi. Du sur-me-
sure cousu main. Affaire Lesmarrez : l'homme entre de nuit
dans la chambre de sa fille. Il lui tire dessus, puis se suicide.
Mais elle survit ! Dans le coma à l'hôpital Tenon. Son pronos-
tic vital n'est plus engagé. Par contre, lui ne s'est pas raté. On
l'enterre dans la semaine. Bref : inceste et tentative de fémini-
cide dans la haute société. Du gâteau.

Il lui tend un dossier de pelure de deux pages.

— C'est mince.

— Tout est dans le serveur, mon vieux. On en reparle au
débrief' de vendredi. Allez, en piste !

Briac emprunte l'ascenseur dans l'autre sens. De retour à
son poste, il s'immerge dans le flot des données dématériali-
sées. Quelques photos d'une jeune fille de dix-neuf ans,
blonde fardée tendance bimbo. À la plage, à la montagne.
Toujours seule ou avec sa maman. Visage allongé, souvent
pris de trois-quarts, le nez fin, la bouche volontiers vulgaire et
de larges yeux verts agrandis par le maquillage. D'un coup, elle
baigne dans son sang, à l'arrivée des pompiers. Puis la même,
sur un lit d'hôpital, pâle et rigide. Wendy Lesmarrez.

Deux jours plus tôt, le 20 juillet, en plein milieu de la nuit.
Au premier étage d'un immeuble parisien cossu, le père, directeur commercial d'une entreprise de BTP, aurait tiré sur sa
fille avec son fusil de chasse, et retourné ensuite l'arme contre
lui. PAM-PAM. Briac lâche la souris. Sa tête cherche un refuge
entre ses épaules. Il recule son siège d'un geste nerveux et regarde le faux plafond décrépi de la salle en prenant une large
inspiration.

Le mardi précédent vers minuit, chez l'oncle André : les déflagrations résonnent encore dans ses oreilles. BAM-BAM…

Une vieille sorcière cogne le haut de son crâne avec un manche à balai. Elle ricane. Il a besoin d'air. Il avalerait bien un verre. Un calva, mais pas que de la pomme. Il se raisonne. Une banale conjonction de bruit et d'heure. Pur hasard.

Quelques voisins ont été réveillés par deux détonations rapprochées, PAN-PAN. Ils ont cru à des pétards et se sont rendormis. Madame Lesmarrez n'a rien entendu. Elle avait pris des somnifères. C'est en se levant à cinq heures du matin pour aller aux toilettes qu'elle a remarqué du liquide rouge sous la porte de la chambre. L'horreur ! Elle a hurlé, puis appelé le 17. Le fusil appartenait à monsieur Lesmarrez, affilié à une société de chasse beauceronne. Aucune trace de rapports sexuels sur la fille, aucun témoin direct. Pas d'empreintes digitales exploitables autres que celles de la famille.

Briac jette un dernier coup d'œil aux clichés de la police scientifique. À bout portant, l'arme a arraché la moitié du visage de l'homme. Le buste de l'étudiante est criblé de petits trous sanguinolents. Briac file dans les beaux quartiers rendre visite à Mme Lesmarrez. Une femme d'environ quarante ans l'accueille, l'air absent. Menue et fragile, cheveux peroxydés, épaules voûtées, vêtue de noir des chaussons jusqu'au masque. Les yeux sombres, creusés, elle tient à peine debout. Il avalera une tasse de thé et n'apprendra pas grand-chose. Wendy n'avait pas de fiancé. Elle se consacrait à ses études de droit, en première année, rue d'Assas. Un bel avenir tout tracé.

La maman fond en larmes. Femme au foyer, sa vie passée à élever son enfant unique. Mais le policier reste dans son rôle. Il insiste : copines, camarades, *boyfriend* ? Elle n'en sait rien. Il repart avec le *pseudo* Instagram de la victime : wenn12345. Un *groupe privé*. Aucun moyen d'aller voir le contenu pour l'instant.

Sur le chemin du retour, tout en se faufilant dans la circulation encore chargée à certains carrefours malgré les vacances et le déconfinement, l'inspecteur s'interroge. Le père ? Il n'y croit pas du tout. Pas le profil pour assassiner sa fille d'un coup de fusil. Allons, restons sérieux ! Mais sait-on jamais ?

Un tiers ? Un rôdeur opportuniste. Au premier étage ? Ça s'est déjà vu en été. Souvent des voleurs plutôt que des meurtriers. Sauf crime sexuel. Là, ce n'est pas le cas. Pourtant, sait-on jamais ?

Et pas le moindre suspect. Donc, personne à inculper. Juridiquement, l'affaire se clôturera d'elle-même, sauf si la fille se réveille. La petite musique de la coïncidence tourne encore dans ses synapses. BAM-BAM, l'esprit frappeur…

Assez perdu de temps. Les dossiers brûlants s'empilent au bureau, et on manque d'enquêteurs pour cause de pandémie. Par acquit de conscience, il fait néanmoins un détour par Gambetta pour visiter la victime à l'hôpital Tenon. Il enverra plus tard aux scientifiques du labo le *pseudo* Insta, accompagné de son rapport. L'infirmière ne fait pas de difficulté. Elle l'emmène dans les étages de réa débordés par la covid :

— Elle a perdu énormément de sang, raconte-t-elle. Mais nous avons réussi à stabiliser les fonctions vitales. Dans son malheur, Wendy a eu de la chance : elle est touchée sur la droite. Et le calibre seize sert à la chasse ordinaire au petit gibier : perdreaux, faisan, lapin. Ce n'est, le plus souvent, pas mortel pour un humain à quelques mètres.

Briac acquiesce. Il a dû enfiler une combinaison intégrale pour rendre visite à Wendy sur son lit médicalisé avec des tuyaux partout. Inerte. Il visualise la volée de billes métalliques frayant leur chemin dans la chair. Son cœur se serre. On ne s'habitue pas à voir une belle jeune fille ainsi amochée. Le visage est intact. Il se penche, tend l'oreille. Rien. Une respiration faible, difficilement audible dans le bip-bip des moniteurs électroniques.

— Activité neuronale pourtant intense. Du point de vue corporel, c'est miraculeux : elle n'a presque rien. Tous les projectiles sont passés à côté des organes vitaux. Théoriquement, elle pourrait se lever et marcher, mais elle ne le fait pas, commente la femme en blouse.

Lundi 25 octobre

L'automne s'est invité sans crier gare. Question covid, la cinquième vague fait débat. Les turpitudes humaines ne prenant pas de repos, les affaires s'enchaînent. Briac a oublié Wendy. Quand un beau lundi matin de la fin du mois d'octobre, sous un dais de nuages et un léger souffle du sud-ouest, le profil Insta de wenn12345 apparaît sur son ordi. Les scientifiques ont *craqué* le mot de passe, et pas pour rien.

À l'exception de quelques *stories*, les publications du compte s'arrêtent en juin 2020, un an avant le drame. Des photos et de courtes vidéos de la jeune fille à une table de spiritisme en compagnie d'un dénommé kev__in75 et de quelques autres. Après le bac, l'activité disparaît. On peut supposer qu'elle a changé de secte et de réseau à ce moment-là…

Briac farfouille dans les messages : wenn12345 avait rompu publiquement avec kev__in75 en juin 2020… et reçu en échange une avalanche désordonnée de suppliques et de menaces.

Kevin Lafrange, cuirs et cheveux bleus. Belle petite gueule de rocker vintage hyperlooké. Connu à la brigade des stups. Proxénète à l'occasion. Le fichier renseigne une liste d'autres pseudos, son adresse et même le code de la porte d'entrée.

Briac revient sur la soirée fatidique. Trois heures avant le drame, Wendy avait posté une vidéo musicale et dansante en tenue légère, « Bonne nuit, les amis ». Une dizaine de secondes où elle se cambre et se déhanche sur une transe électronique speedée. Un détail attire l'attention du policier : elle porte au cou un médaillon qu'il n'a pas vu dans le dossier, et dont personne n'a jamais parlé. Qui ne figure pas non plus sur les photos prises par les pompiers à leur arrivée, ni sur celles de l'hôpital. Le labo a agrandi le cliché à la limite de la lisibilité, et relevé un croquis manuel du pendentif disparu : un genre d'oiseau noir et blanc ébouriffé à tête de chouette… Briac pâlit, saisi de la glaçante impression de reconnaître cet *oiseaupanda* venu le hanter dans le songe de Roscoff !

Synchronicité de la date, de l'heure et des détonations, pourquoi pas ? Mais retrouver sur une pièce à conviction la créature de son rêve, IM-PO-SSIBLE. On a beau être familiarisé depuis les années lycée avec les facéties des ectoplasmes, il y a des choses que la raison refuse d'admettre ! Il ne va quand même pas se mettre à croire aux esprits ! À l'évidence, il rencontre une deuxième coïncidence. Ce que les psys nomment : illusion, projection, confusion dans les neurones d'un enquêteur surmené. Malgré le parquet cotonneux sous ses semelles et la sensation de blocage au niveau du diaphragme, Briac reste un policier. Croire ou ne pas croire, telle n'est pas la question. Vacherie d'obstination. Ça s'enkyste. Ça ne recule pas… Il ira jusqu'au bout. Point.

Convoquer ce Kevin ? Peut-être, mais pour quel motif ? Une rupture qui remonte à plus d'un an ? Inutile s'il est innocent. S'il est coupable, cela risque de l'alerter.

Il vaudrait mieux être certain…

L'enquêteur a de la chance – et Wendy aussi – que la principale intéressée soit encore en vie… sans, malheureusement, aucun moyen de la faire parler. À moins que… Tout à coup, une idée lui vient : il va tenter un truc avant de rendre visite à ce Kevin. Sait-on jamais ?

Je flotte dans une atmosphère liquide. Je suis bien. Je n'ai plus peur. Il n'y a ni haut ni bas. Il n'y a personne, c'est agréable d'être seule. Pourtant, papa n'est pas loin. Je le sens à ma portée, mais il ne veut pas que je le rejoigne. La lumière blanche qui m'avait appelée est éteinte. C'est curieux, des amas sombres naissent, bougent, s'éclaircissent, s'estompent et finissent par disparaître. Avant, c'était compliqué. Maintenant, c'est simple. Ni chaud ni froid. Attendre. Je tombe lentement. Les ombres sont traversées par des bulles. Les bulles forment des lettres. Plusieurs lettres figurent un nuage-mot. Quelle étrange manière d'écrire !

Mardi 26 octobre, 2 heures du matin

Deux coups au clocher. La lune effeuille des dentelles sur la flèche de la chapelle Saint-Louis. Une silhouette encapuchonnée de noir pénètre dans une chambre de l'hôpital Tenon. On n'entend que le chuintement des perfusions. Sous la lumière verte des écrans de *monitoring*, on devine un corps allongé sur le lit : Wendy. Il se penche. Bon sang, qu'elle est lourde ! L'homme redresse la jeune femme inanimée et la cale avec des oreillers pour la maintenir en position assise.

Rythme cardiaque, pression sanguine, oxygène… tous les moniteurs s'affolent. Mais l'arrivant ignore le tintamarre de plus en plus assourdissant de *biiip… tuuut* et autres alarmes. De son sac, Briac sort un ouija, qu'il place sur les genoux de Wendy. Il s'assure que tout tient en équilibre, puis il prend tant bien que mal les mains de l'endormie pour les appuyer fermement avec les siennes sur un bout de bois de la taille d'une boîte de réglisse : la *goutte*.

— Esprit, es-tu là ? articule-t-il distinctement, selon la formule consacrée.

L'instrument ne réagit pas davantage que le visage figé de Wendy. On ne peut pas se fier à ces choses surnaturelles. Elles vous ont de ces refus d'adolescente au moment où on s'y attend le moins. Ne reste plus qu'à tout reprendre au début, l'invocation muette de l'arcane numéro un, le Bateleur. Et vous reposez la question :

— Esprit, es-tu là ?

La *goutte* file sur le « OUI » ! Elle a failli lui échapper des mains.

— Qui es-tu ?

« P A P A », épelle rapidement le ouija.

— Papa de Wendy ? interroge le policier.

« OUI », confirme l'oracle.

Une sorte de chaleur se diffuse dans le corps de Briac, jusqu'à l'extrémité des doigts. On y est presque. Sans décoller de la tablette, il vérifie d'un coup d'œil la stabilité de son équipage, et se lance :

— Qui a blessé ta fille ?

Sans hésitation, la planche dérive sur le K. Mais l'attention de Briac est déjà ailleurs : les paupières de Wendy se soulèvent sur un regard ombreux parcouru des mêmes reflets que la lune répand sur les fioles et les inox chirurgicaux. Elle murmure :

— Qui êtes-vous ?

À cet instant précis, la porte s'ouvre sous l'effet d'une tornade.

— S'qui t'arrive, Princesse ? Toutes les alarmes bipent dans la salle de garde. Entre la covid et la pénurie de personnel, je ne peux pas être partout !

L'infirmière de nuit éclaire la pièce et se met à hurler. Avant même de réaliser ce qu'il se passe, elle appuie frénétiquement sur son bouton d'urgence, déclenchant la sirène dans le couloir… et l'irruption de deux mastards en blouse blanche. La carte de police de l'inspecteur Leglas ne les impressionne pas le moins du monde. Ils prennent des photos, l'empoignent chacun par un bras et l'emmènent. Pas question de parlementer dans une chambre de réanimation.

Il finira sa nuit dans la cellule de dégrisement du commissariat, en compagnie d'un poivrot aux éructations incohérentes. Sous une couverture douteuse, son sommeil entrecoupé de cris et d'insultes émises par son compagnon d'infortune lui laisse tout le loisir de détailler les écailles de la peinture.

Les collègues de la PJ le sortiront de là au petit matin. La mine grave. Un soleil phtisique se lève en crachant des glaires de sang pourpre sur le ciel de Bagnolet.

Mercredi 27 octobre matin, au Bastion

Les nouvelles vont vite ! Lorsque l'inspecteur Leglas arrive à huit heures, les tifs en vrac et les joues fripées par ses exploits nocturnes, tous le regardent avec des expressions catastrophées. C'est une Sylvie bien pâlotte qui le conduit chez le patron.

L'index et le majeur gauche de Guy tapotent le plateau de son bureau. Il a sa tête des mauvais jours. Puis ça sort :

— Qu'est-ce que tu fous la nuit dans un hosto avec une tablette de ouija ?

Le subordonné, debout, fixe ses pieds et balbutie :

— Elle a ouvert les yeux…

— Tu ferais mieux de la fermer, Briac !

Briac. Un fonctionnaire en perdition essaie de se raccrocher à la pointe de ses chaussures. Guy fulmine :

— OK. On passe direct aux conclusions. On sait que tu es fatigué. Après le décès de ton grand-père, j'ai eu tort de te remettre au taf trop vite. Que veux-tu ? On manque de monde. Mais j'ai failli à mon devoir de chef. J'aurais dû te laisser récupérer quelques jours.

Soudain, il tape du poing sur la table et éructe :

— Est-ce que tu te rends compte que tu aurais pu la tuer en la déplaçant ? Coincer un organe ou un tuyau ? Tu as entendu le porte-parole de l'AP-HP aux micros des journalistes ? Des violences policières inacceptables à l'encontre d'une patiente d'un service de santé parisien ! Comment peux-tu nous mettre dans une m… pareille ?

— Elle commençait à parler…

— Suffit !

Soudain, la colère du commissaire se calme :

— Tu es un bon flic. Nous te fournirons un avocat. Mais, en attendant, tu es suspendu. Obligé. Tu connais la procédure : tu me donnes ton arme et ton insigne.

Briac s'exécute.

— Merci, Guy.

Il ressort. Fonce à son ordi, le visage fermé, copie fissa le dossier Wendy Lesmarrez sur une clef USB. Quelqu'un lui propose d'aller boire quelques verres pour parler de tout ça. Un autre, moqueur :

— Eh, *Ghostbuster*, tu cherches le numéro de SOS Fantômes ?

Sans décrocher un mot ni un au revoir, Briac tourne les talons et s'éclipse.

Le soir même, un *junkie* s'aventure rue des Pyrénées, dans un ancien atelier de mécanique, au fond duquel le jeune Kevin Lafrange s'est aménagé un appart' façon New York. Il laisse squatter des marginaux à l'entrée pour décourager les curieux.

Parmi les silhouettes hagardes et transparentes, c'est un camé ordinaire qui a guetté le départ du dandy bleu. Il se hasarde maintenant à traverser la chaussée en agitant les bras au fil d'un discours incohérent. On distingue à peine son visage crasseux sous une longue tignasse de cheveux noirs. Il a trouvé ses vêtements en lambeaux dans une poubelle. Il titube, tombe, se redresse, vacille, gémit, s'appuie sur un poteau ou un mur, disparaît dans un coin sombre. Deux heures pour atteindre le fond du hall. Il pue juste un peu moins que l'atmosphère d'urine, de vomi et de fumées diverses qui embaume le lieu. On l'oublie. Il repart. Il s'écroule, secoué de spasmes… à une enjambée du seuil.

Soudain, une querelle vers la rue mobilise le peu d'attention disponible dans les cerveaux rongés par le *crack*. C'est inévitable. Une dispute finit toujours par survenir. Il suffisait d'attendre. D'un bond souple, le nouveau venu atteint la porte, il pianote le code, entre et referme derrière lui.

Un autre monde. Déco tendance spirite, un trident dont le manche semble taillé dans un corail et des sujets ésotériques traités de manière moderne avec des matériaux bruts et des coloris flashy. Une chambre en mezzanine. Le junkie se redresse et dégage sa capuche. Briac. Qui entreprend la fouille en règle. À l'étage, il perd un temps fou dans le capharnaüm habituel d'un célibataire parisien – ça, il connaît – mais ne néglige rien, examine la moindre chaussette, la revue la plus anodine. Il cherche quelque chose. Un indice ? Au bout d'un moment, il ouvre un tiroir. Bingo. Le médaillon ! La chaîne en est brisée. Aucun doute. C'est bien *l'oiseau-panda* de la vidéo, le même que dans son rêve. Il le photographie. Trop tard…

Une présence derrière lui. Briac s'écarte en courbant le dos. Bien lui en prend : le trident fend l'air au ras de son épaule. À l'autre bout du manche : Kevin, reconnaissable à la banane bleue de ses cheveux gominés. Le bras est à sa portée. Le policier se redresse en le crochetant de son coude droit. En premier : contrôler l'arme. C'est la priorité. On apprend ça à l'instruction de *close-combat*. Il vrille son buste en opposant le côté gauche. Aïe ! Le voyou laisse échapper un cri de douleur, l'épaule déboîtée. Il lâche le trident, que Briac envoie valdinguer d'un coup de talon. Ensuite : immobiliser l'adversaire. En ramenant son pied, l'inspecteur ne touche pas le sol. Bien au contraire, il profite de l'élan pour balayer en force la jambe d'appui de son agresseur. Brutal. Ce dernier fait un soleil et s'écrase le nez sur la moquette. Le petit caïd tend ses muscles pour se retourner. Il n'aura pas le temps. La force de l'ordre est sur son dos. Dans cette position, avec 75 kg qui bloquent son thorax, Kevin ne peut plus respirer. Briac attend une minute que l'autre évalue correctement la situation, et quand il le sent faiblir, lui passe tranquillement les menottes.

— Bon. On cause ? propose l'enquêteur en soulageant la pression.

— Z'avez pas le droit, gémit Kevin en ruant des jambes.

Mais la prise est solide. Il se fatigue assez vite, et renonce :

— OK. Vous voulez quoi ?

— Wendy, tu as entendu parler ?

— J'ai rien fait. Vous êtes qui ?

— Police.

— Vous avez un mandat ?

Sans pitié pour le bras désarticulé, Briac appuie lentement sur l'épaule.

— Raconte, ordonne-t-il, sans répondre – et pour cause – à la question de la commission rogatoire.

— Ils vous font des poubelles spéciales parfumées à la tombe fraîche ? ironise le présumé innocent.

— Je t'écoute, insiste Briac en donnant plus de poids à sa prise.

— Aïe ! Je n'y suis pour rien. C'est son vieux qui a tiré.

— Ben voyons ! Tu peux m'expliquer ça ?

— Je suis monté par la façade, comme je le faisais souvent autrefois. Avec des gants. Jamais d'empreintes. Pas de vent. L'air était chaud. Les fenêtres étaient ouvertes. On s'est embrouillé. Le daron a rappliqué avec un fusil. Il a cru que c'était elle qui m'avait fait venir. Il l'a traitée de petite salope dévergondée, et il l'a tuée. Moi, j'ai pris peur. J'ai filé par le même chemin. Je ne sais rien de ce qui est arrivé ensuite.

— Dommage pour toi : ça ne colle pas avec les témoignages. Mais si tu reconnais un geste passionnel, tu sortiras peut-être dans dix ans.

— Je ne négocie pas avec un *keuf* qui schlingue. Je demande un coup de téléphone pour mon avocat, grommelle Kevin.

Briac appelle les collègues.

Jeudi 28 octobre, dans la matinée

Le lendemain, à onze heures, le patron a convoqué un débrief général exceptionnel. La pluie d'automne dégouline à l'extérieur des vitres. Coubrat se tient sur l'estrade, massif et élégant dans son uniforme au pli impeccable. Il empoigne le micro et salue l'assemblée de masques en bataille.

— Je vous ai demandé à tous de venir, car il y a du neuf dans l'affaire Wendy Lesmarrez. Mais je sais que vous avez beaucoup de travail en ce moment, alors je serai bref.

Scoop : la victime est sortie du coma, et elle accuse formellement Kevin Lafrange. Sa fenêtre était ouverte, comme partout dans le quartier cette nuit-là, à cause de la chaleur. Son ancien petit ami est monté par la rue, vers 23 h. Une habitude qu'il avait prise du temps où ils étaient ensemble. Les parents s'endormaient de bonne heure, aussi venait-il discrètement tenir compagnie à la fille. Ce soir-là, Kevin l'a suppliée de revenir avec lui. Puis il l'a menacée. Il devenait très agressif. Croyant à un rôdeur, monsieur Lesmarrez est entré avec un fusil à la main. Kevin a tenté de le désarmer. Le coup est parti, son père est tombé et ensuite Kevin a dirigé le canon vers elle.

Après, elle a eu très mal et ne se souvient de rien. Voilà ce que dit Wendy.

Il tourne la tête vers Briac, réintégré le matin même.

Je vous ai demandé de venir parce que notre homme a avoué ce matin, devant un élément matériel indiscutable. Il brandit un sac de congélation où brille une rondelle de métal :

— Pièce à conviction numéro un : L'*oiseau-panda* que la victime portait au cou le soir de l'agression, et photographié par Briac rue des Pyrénées. C'est la preuve formelle que Kevin a eu assez de sang-froid pour arracher le collier de son ex-copine blessée, immédiatement après l'assassinat du père. Soyons clairs : sans l'obstination de Briac, personne n'aurait été fouiner du côté de l'ex-petit ami. Le meurtrier courrait toujours et nous aurions un *cold case* de plus ! N'est-ce pas ?

Le commissaire marque une pause, le temps pour l'évidence de se faire jour dans les cerveaux. Puis il poursuit :

— Je vous présente maintenant un appareil de haute technologie qui sera désormais intégré aux équipements d'investigation. Le voilà !

Coubrat brandit un ouija flambant neuf décoré en son centre d'un autocollant de Police nationale.

— Pas seulement un instrument prometteur, j'insiste, c'est un champ entièrement nouveau de techniques qui s'ouvre à nous !

Et il conclut :

— Et je vous demande d'applaudir notre collègue Briac Leglas, le premier flic de la PJ à résoudre une affaire en convoquant les esprits !

Jean-Hughes Chevry

Alertes mentales

Lili Saxes

« La mort n'est pas la pire chose de la vie. Le pire, c'est ce qui meurt en nous quand on vit. »

Albert Einstein

Mes parents de cœur étaient des gens merveilleux, généreux, aimants et bienveillants. Des qualités à la hauteur de leur geste : accueillir et élever, comme si j'étais l'une des leurs, cette petite fille non adoptable mais néanmoins sans famille que j'étais alors. J'avais 11 jours lorsque je suis arrivée chez eux et 18 ans lorsque l'adoption a enfin pu être officiellement prononcée. J'ai été choyée, gâtée, aimée par deux inconnus qui ont fait don de tout ce qu'ils avaient pour me rendre heureuse. Un amour pur et gratuit qui me bouleversera jusqu'à la fin de ma vie. Et comme tout parent, ils étaient surtout deux êtres humains, avec leurs peurs et leurs croyances. J'ai donc grandi dans la méfiance des hommes en général, des inconnus en particulier, et la crainte des religions, ces sectes géantes laveuses de cerveaux. L'autre et la spiritualité, deux dangers potentiels ! Dans ma famille, on est donc cartésiens, on ne croit que ce que l'on voit et on n'a confiance qu'en ce que l'on connaît. Marie a accouché en étant vierge ? Ah ah ah ! Moïse a écarté les eaux de la mer Morte ? Re ah ah ah ! Madame Irma prédit l'avenir ? Re re ah ah ah !

D'aussi loin que je me souvienne, je me questionne : pourquoi suis-je là ? Qu'est-ce qui me rend vivante et consciente ? D'où vient cette énergie qui m'anime et à quoi sert-elle ? Je me refuse de croire que l'on vit tant d'expériences pour finir dans le néant, cela n'a pas de sens. Mais mes parents sont formels : on naît, on vit, on meurt, fin de l'histoire ! Et mes parents ont souvent raison, alors ces graines germent en moi, avec de grandes racines bien profondes…

Pourtant, petite, je sens des présences autour de moi. Je fais souvent des bonds en devinant quelque chose ou quelqu'un derrière moi, en sentant des caresses sur ma tête ou dans mon dos lorsque j'ai du chagrin, et, quand je suis seule dans ma chambre, je m'adresse à eux, les invisibles que je devine. Il y en a un que je sens plus que les autres, surtout le soir lorsque je suis couchée. Il n'a pas de mauvaises intentions, j'ai juste peur des inconnus. Alors je me cache sous les draps, terrorisée, pour ne plus le voir. Lorsque je tente d'en parler à mes parents, je les sens inquiets. Ils me disent que c'est le fruit de mon imagination et me demandent si je veux en parler avec un psy, faisant germer malgré eux une nouvelle croyance : ces ressentis sont signe de folie. Mon père a de graves problèmes de santé et je ne veux pas être la source d'inquiétudes supplémentaires, alors je n'en parle plus. J'admets que je suis peut-être pétée du casque et que je vais devoir vivre seule ces sensations étranges et ces questionnements.

En grandissant, l'innocence, avec son champ des possibles infinis, et le temps disponible pour la contemplation disparaissent. Je suis happée par le système, rattrapée par les diktats de la société, jetée dans la fosse de la réalité : la pression du bac, dont la réussite de sa vie semble dépendre ; le formatage d'études secondaires pour un métier dont je cherche toujours le sens ; le rythme « métro-boulot-dodo » ; la quête de toujours plus d'argent pour avoir et paraître, etc. Rien de joyeux me concernant, mais cela semble rendre les autres si heureux, cette course à la « situation ». Alors j'imite, je m'adapte, je me force à être dans cette norme qui m'entoure, je m'oublie. J'ai 18 ans lorsque mon père quitte ce monde, et 22 quand ma mère le rejoint. Ces abandons successifs sont d'une injustice et d'une violence intenses. Ils avaient raison : aucun dieu, ange, univers, énergie – qu'importe le nom de l'invisible – ne permettrait un tel drame ! Ma vie ressemble à une tartine de merde dans laquelle je dois croquer chaque matin. Tant d'efforts et de sacrifices… pour quoi ?

Une collègue de bureau me recommande une médium qu'elle consulte régulièrement pour sortir de cette spirale de déprime et de manque de sens qui m'aspire un peu plus chaque jour. Comme dans les dessins animés de Tex Avery, un petit ange, mon éducation, m'alerte sur l'arnaque de telles pratiques, mais une part de moi, le petit démon, veut et doit le faire. Cette femme, que je vois tantôt comme une manipulatrice, tantôt comme une magicienne, ne sait absolument rien d'autre que mon prénom. Pourtant, ce qu'elle me raconte de mon passé me laisse sans voix. Pendant cette conversation téléphonique, je ne décroche pas un mot et ne lui laisse aucun indice lui permettant d'exploiter la moindre information. Malgré tout, son récit est d'une justesse à couper le souffle, et les détails, d'une précision incroyable. À la fin de la séance, je lui avoue être très impressionnée par ce qu'elle a vu de ma vie, mais un peu déçue d'avoir entendu ce que je sais déjà et non ce qui m'attend.

— Tu as besoin de preuves, me dit-on. Tes filtres limitants sont épais, alors je plante la première graine d'une longue série pour que tu puisses te reconnecter à ton âme. Tes croyances sont des murs qui t'empêchent de trouver le bon chemin, mais tu es protégée, et, lorsque tu seras prête, les bonnes personnes se mettront sur ta route. Tu vas déménager au bord de la mer et fonder une famille. Tu ne resteras pas avec le père de tes enfants, mais tu devras vivre tout cela avant de repenser à cette conversation, me dit-elle.

Je suis alors en région parisienne, sans aucun projet de déménagement, une histoire d'amour en dents de scie et aucun désir d'enfants. Je doute fortement de cette prophétie qui me semble un peu facile. Statistiquement, tout ce qu'elle annonce est probable à cet âge. Ses mots quittent ma tête aussi vite qu'ils y sont rentrés pour ne réapparaître qu'en sortant du tribunal où mon divorce a été prononcé. Sa phrase est revenue à mon esprit comme ça, tel un éclair, alors que je marchais vers le parking. J'habite alors depuis 10 ans à quelques encablures de l'océan, j'ai deux enfants et je viens de quitter leur père. La cartésienne que je suis résiste toujours un peu, mais la décennie d'expériences qui vient de se dérouler m'a montré qu'il ne fallait jamais dire jamais. J'ai travaillé chez des psys mes blessures, mon profil atypique qui explique un fonctionnement différent de la majorité et ce décalage que je ressens depuis toujours, et pourtant, je sens un grand vide intérieur. « Que tu puisses te reconnecter à ton âme » tourne en boucle dans ma tête. Pour la première fois de ma vie, j'ose lever les yeux vers le ciel et demande un signe. Je suis prête à explorer ce possible.

La sonnerie de mon téléphone me sort de mes pensées. C'est une amie qui s'inquiète de savoir si tout s'est bien passé. Elle conclut notre entretien par :

— Je dois te laisser, j'ai RDV chez une médium. Je n'en parle jamais à personne, mais je ne sais pas pourquoi, je sens que je dois te le dire.

Sans réfléchir, je lui demande de me prendre un RDV. Cette synchronicité est le signe que j'attendais. Comme beaucoup de gens que je rencontrerai par la suite, cette amie vit une spiritualité non affichée, même auprès de ses proches, par peur du jugement.

La pièce de consultation est étrange pour mes yeux de novice. Il y a des pierres partout, des anges, de l'encens, des cartes, des pendules. « La panoplie complète de l'arnaqueuse » m'alerte mon mental. « Et si ? » me glisse une autre part de moi. Cette femme non plus ne sait rien de moi et ne me pose aucune question. Elle me fait tirer des cartes et retrace mon parcours avec exactitude. Puis son pendule lui indique qu'un homme veille sur moi depuis ma naissance. Il s'agit d'un grand-père que je n'ai jamais connu et que je voyais petite, même si j'en avais très peur.

— Elle se cachait sous les draps, me dit-il

Je ne peux retenir mes larmes à l'évocation de ce lointain souvenir dont je n'ai jamais plus parlé.

Elle me parle des traumatismes des femmes de ma lignée que je me trimballe malgré moi et qu'il faut nettoyer. Je suis venue au monde pour cela : réparer le passé pour que les portes s'ouvrent enfin et aider les autres à se réparer. Elle m'explique que mon mental est trop présent et m'empêche de me connecter à mon âme qui hurle pour que je la retrouve. J'ai une boule dans la gorge : tout ce qu'elle dit résonne fortement, comme si je le savais déjà et que j'avais juste refusé de voir les choses en face. Mon ange et mon démon se battent pourtant toujours dans ma tête et je suis ballottée entre l'incroyable et le n'importe quoi. La séance se termine par le choix d'une pierre que je dois effectuer les yeux fermés et poser sur une partie de mon corps de mon choix. Des picotements sur ma main droite m'en font sélectionner une et, sans réfléchir, je la pose sur mon cœur. C'est un quartz rose énorme en forme de cœur.

— C'est la pierre liée au chakra du cœur, et le vôtre est brisé en mille morceaux. C'est pour cela que votre âme a sélectionné la plus grosse. C'est ce que vous devez réparer en premier. C'est le début de votre chemin. Apprenez à voir les signes. Ils sont nombreux à veiller sur vous et à vous guider, car vous n'avez pas choisi la mission de vie la plus facile. Faites taire votre mental, écoutez votre intuition et faites-lui confiance.

Au moment de lui payer sa prestation, elle m'annonce que je ne lui dois rien :

— Vous ne reviendrez pas me voir, d'autres guides vous attendent, mais vous avez toujours besoin de preuves. Vous faire payer, ce serait donner du grain à moudre à votre mental et vous empêcher de faire confiance aux autres personnes qui vont vous accompagner. Je vous offre cette séance.

Je sors K.O de cet entretien, comme après un match de boxe entre mon cerveau cartésien et un univers qui m'habite depuis toujours auquel je me reconnecte doucement.

Comme une automate, je démarre ma voiture et sursaute en entendant la radio qui se met en marche toute seule alors que je ne l'écoute jamais sur les petits trajets et que je suis convaincue de ne pas l'avoir allumée de la journée. La voix de France Gall résonne dans l'habitacle :

Si on t'organise une vie bien dirigée où tu t'oublieras vite,
Si on te fait danser sur une musique sans âme, comme un amour qu'on quitte,
Si tu réalises que la vie n'est pas là,
Que le matin tu te lèves sans savoir où tu vas,
Résiste…

Cette vieille chanson que je chantais à tue-tête lors de sa sortie prend soudain une nouvelle dimension. Comme une étincelle qui venait de s'allumer pour m'indiquer la sortie du tunnel. Je repense à la petite fille que j'étais… Qu'ai-je fait de sa légèreté ? De son imagination ? De ses rêves ? Elle est morte et enterrée depuis longtemps sous les tas d'attentes de la société, remplacée par une pâle copie qui avance sans que cela n'ait aucun sens. Je monte le son à fond et je chante en hurlant, tout en m'imaginant sonner aux portes d'inconnus et partir en courant, descendre une colline en me roulant dans l'herbe, souffler sur les aigrettes d'un pissenlit pour m'extasier de leur danse dans le vent, renouer avec ces invisibles que j'ai rejetés…

Je pense à ma sœur, qui tente de me sensibiliser à son évolution spirituelle depuis quelque temps et que je taquine, convaincue qu'elle trouve refuge dans ces croyances pour fuir ses traumatismes passés. J'ai répété, comme un singe savant, ce que j'avais entendu de la part de professionnels, persuadée de détenir la seule réalité, celle qui est rationnelle. Elle dit qu'elle reçoit des messages de son guide, j'ai du mal à ne pas lui coller une étiquette de schizophrénie. Comment ai-je pu rester enfermée aussi longtemps dans cette caverne de Platon, accrochée à ma seule réalité possible comme une moule à son rocher ignorant l'immensité de l'océan qui l'entoure et de ce qui s'y passe ? Comme pour convaincre le mollusque de partir enfin à l'aventure, je reçois un message de ma sœur.

En arrivant dans la cage d'escalier de l'immeuble où j'habite, submergée par toute cette agitation mentale et émotionnelle qui me secoue, je cours pour rejoindre l'ascenseur qu'une voisine retient gentiment. Je ne l'ai vue que rarement, mais elle m'a toujours intriguée. Elle est rayonnante et dégage quelque chose d'incroyablement doux, chaleureux et bienveillant. Je la remercie de m'avoir attendu et son sourire me fait du bien. Elle me tend une carte de visite :

— Il n'y a pas de hasard, nos chemins devaient se croiser maintenant, car je ne prends jamais l'ascenseur. On me dit que vous êtes prête, passez prendre un café à l'occasion, me dit-elle avant de descendre.

Elle est sophrologue, et seulement à quelques marches de chez moi.

Avec elle, j'apprends le lâcher-prise, à me réconcilier avec mon enfant intérieur, à ressentir l'énergie des arbres, à me défaire de mes peurs et de mes croyances limitantes, à découvrir les bienfaits de la méditation. Grâce à elle, je nais pour la seconde fois. La chrysalide se transforme enfin en papillon. J'accepte que tout ce qui m'arrive est expérience et, qu'elle soit bonne ou mauvaise, il en sortira quelque chose de positif. Les synchronicités se multiplient, des réponses aux questions que je me pose arrivent sous forme d'une chanson, d'une lecture, d'une image. Je fais confiance à mes ressentis, mes intuitions, je fais le ménage autour de moi, me débarrasse du superflu, de tout ce qui ne m'appartient pas. Je me sens légère, rayonnante, alignée, enfin ! Je change d'activité professionnelle également, quitte le monde des chiffres et de la finance pour m'occuper d'enfants en phobie scolaire. Ces jeunes en souffrance d'un système qui ne les comprend pas, qui les broie avec sa pression et sa mise en concurrence permanente des individus, ça me parle tellement ! Beaucoup me confient avoir des ressentis particuliers, des sens et des intuitions plus développés. Une hyperconscience de tout ce qui les entoure et une hypersensibilité qui les empêchent de trouver leur place dans ce monde. Je gagne beaucoup moins bien ma vie, mais je gagne tellement plus en sens, en utilité.

Le « hasard » met alors sur ma route une autre réponse à une question qui m'angoisse encore : celle de la mort. Elle arrive sous forme de SMS d'une connaissance qui m'invite à l'avant-première du documentaire *Thanatos, l'ultime passage*. Un voyage incroyable au pays des EMI, Expériences de Mort Imminente, qui me bouleverse complètement, avec des témoignages de ceux qui sont revenus de l'autre rive. Ils sont des millions à décrire la même chose : 13 millions aux USA, 16 en Europe, dont 2,5 en France. Qu'importe la catégorie sociale, l'âge, le sexe, la religion, le lieu d'habitation, ils étaient en état de mort pour la médecine. Tous racontent sortir de leur corps, voir les équipes médicales en train d'essayer de les réanimer, être attirés par un tunnel lumineux au bout duquel les êtres disparus les attendent. Presque tous décrivent un sentiment d'amour et de paix indescriptible, car quelques-uns vivent des choses un peu flippantes. Mais tous parlent de parcours de vie choisis pour cette réincarnation avec des épreuves ciblées pour nous faire évoluer, comme des « leçons » à apprendre. Je suis dubitative, comme un bon nombre de médecins interviewés, jusqu'au témoignage d'un neurochirurgien. Extrêmement cartésien, il est confronté aux EMI avec certains de ses patients. D'abord persuadé qu'il s'agit du fruit de l'inconscient pendant cette période « d'absence », il est tout de même interpellé par cette similitude entre tous les témoignages, jusqu'à ce jour où son cœur lâche et qu'il vive cette expérience. Tous reviennent car ce n'est pas leur heure, avec un rappel de ce qu'ils sont venus expérimenter ici-bas. La majorité change complètement de vie après ce voyage, doté d'un don particulier comme médium, passeur d'âme, magnétiseur, énergéticien, etc.

À la fin de la projection, au moment de l'échange avec le réalisateur, la moitié de la salle de cinéma atteste avoir vécu une telle expérience. Certains l'ont gardé pour eux, par peur de passer pour un fou. Cette même moitié avoue être revenu avec un don et être sorti de son ancien schéma de vie pour se consacrer aux autres. Je suis sans voix, submergée d'émotions en imaginant mes parents faisant ce voyage et que je reverrai un jour. Je suis envieuse également. Avoir leurs dons me permettrait de ne plus douter, car c'est plus fort que moi. Les preuves ont beau se multiplier, je ne peux m'empêcher de penser qu'il s'agit d'un heureux hasard. Mon cerveau est programmé pour comprendre, c'est ainsi, et je dois faire avec cette dualité permanente entre mon intellect et mon intuition.

Au moment de quitter la salle, la dame assise à côté de moi me tend sa carte de visite :

— Ce serait bien d'échanger à l'occasion. Vous l'ignorez, mais vous êtes passeuse d'âme et magnétiseuse. Appelez-moi.

Effectivement, je ne suis pas au courant et je ne peux pas m'empêcher de rigoler. On ne se débarrasse jamais définitivement de ses fantômes… Mais elle a piqué ma curiosité, et l'occasion de les faire taire définitivement m'est peut-être donnée, alors je prends RDV.

Une fois encore, il n'est pas question d'argent avec cette femme. Elle m'apprend à écouter mes mains. Au début, je ne ressens rien et la frustration agite encore plus mon mental. Elle me propose alors un exercice à partir d'une photo qu'elle me tend. Il s'agit d'une femme assez âgée que je n'ai jamais vue. Elle me demande de poser mes mains sur l'image et de me dire ce que je ressens. Rien ne se passe et elle me conseille de vider mon esprit. Cela me semble impossible, c'est comme si l'on demandait à la roue d'un moulin à eau de ne pas tourner en période de crue ! Je me sens sous pression, persuadée de vivre un échec. Je me concentre alors sur mon corps, pour faire diversion à ce mental omniprésent, et là, la magie opère. Je ressens une énorme fatigue et de violentes douleurs aux oreilles qui me poussent à retirer mes mains de la photo. Celles-ci s'arrêtent immédiatement.

— C'est ma maman, me dit-elle. Elle est épuisée car elle souffre depuis quelques jours d'une violente otite qui a du mal à disparaître. Et tu peux l'aider…

Instinctivement, je remets mes mains sur la photo et j'envoie des énergies bleues, froides, pour lutter contre ce rouge et cette chaleur qui me brûle. Elles sont en feu et j'ai besoin de les passer sous l'eau froide pour enlever cette sensation. Un SMS le lendemain m'apprend que sa mère va mieux. Elle continue son traitement, mais la douleur intense a disparu. Elle me conseille de m'entraîner avec mes amis et mes animaux, pour en maîtriser la pratique.

Pour les âmes qui ont besoin d'aide pour rejoindre la lumière, j'ai plus de mal. Lors d'une mort trop brutale, de quelque chose d'inachevé, certaines âmes ne se dirigent pas vers le tunnel de lumière afin de rester près d'un proche. D'autres n'ont pas conscience d'être mort et errant, sans notion du temps qui passe, entre deux mondes. Elle m'explique le protocole à suivre pour les accompagner, mais je ne les vois pas, ni ne les entends. Elle me raconte ses propres expériences, et une rencontre me marque plus particulièrement : celle d'une petite fille qu'elle a vu venir vers elle avec un vélo très ancien. Elle est tombée d'une falaise et attend ses parents. À la façon dont elle est vêtue et coiffée, ils sont probablement morts depuis longtemps et il était temps pour elle d'aller les rejoindre de l'autre côté. C'est un peu trop pour moi, je ne suis pas prête. Ma première pensée est d'aller vérifier sur Google si un tel fait divers s'est réellement produit sur les côtes bretonnes, mais vu l'ancienneté des évènements, je ne trouve rien. Il n'en faut pas plus pour remettre la machine à doutes en marche. Elle conclut l'entretien ainsi :

— À partir du moment où tu sais que tu es passeuse d'âme, tu es comme un phare dans leur nuit. Ils vont venir à toi et tu ne pourras pas ne pas sentir leur présence, car ils vont se manifester de plus en plus jusqu'à ce que tu les aides.

Je doute, et en plus, j'ai la trouille !

Je ressors épuisée, perturbée et le cerveau en ébullition de ce RDV. J'ai besoin de prendre l'air, de me reconnecter à la vraie vie, le temps de digérer tout cela. Je décide de passer chez une amie qui habite à proximité et lui raconte ce que je viens de vivre. Elle est fascinée par cette expérience et me demande de m'entraîner sur elle. Souffrant de fibromyalgie, elle veut que je devine où elle a mal et que je soulage sa douleur. J'ai le trac, je ne me sens toujours pas légitime pour exercer, mais devant son insistance et ses encouragements, j'accepte de tenter l'expérience. Je pose mes mains sur les siennes, me concentre sur mon corps, et ressens rapidement deux douleurs : le dos, d'origine musculaire, et un genou, dont l'origine semble un choc. Elle me confirme mon diagnostic et me montre l'énorme bleu provoqué par la rencontre de sa rotule avec l'angle de la table. Instinctivement une nouvelle fois, je visualise des énergies de couleur pour les soins : du bleu pour le dos, du vert pour le genou. J'ai les mains en feu et il me faut les laisser longtemps sous l'eau froide pour que cela disparaisse. Sur le moment, cela ne lui procure aucun mieux-être et ma boîte à doutes se remplit instantanément. Nous buvons un verre et parlons d'autres choses pendant plus d'une heure. C'est lorsqu'elle se lève pour me raccompagner à la porte qu'elle réalise qu'elle n'a plus mal nulle part.

Les semaines qui suivent, je m'entraîne sur mes chats. Je soigne un début de coryza, une plaie, un problème urinaire. Mais sans retour de leur part, je ne peux mesurer la véracité de mes ressentis ni l'efficacité de mes soins. Je rigole toute seule devant le regard de mes chats : eux aussi semblent convaincus que je suis complètement folle. Je tente de m'initier au pendule également. Les ampoules de l'appartement grillent les unes après les autres, des livres tombent de ma bibliothèque ou mes affaires du porte-manteau, je sens des courants d'air froid alors que toutes les fenêtres et les portes sont fermées. L'idée que plein d'âmes errantes cohabitent avec moi me fait froid dans le dos et j'ai besoin d'en avoir le cœur net, surtout si elles cassent tout sans participer au loyer !

Avec un peu d'entraînement, d'ancrages et de protections, je parviens à recevoir des messages. Certains sont hallucinants et me font plonger dans un univers qu'il est difficile de partager. Certains sont bavards, d'autres ne veulent pas parler. Je suis maladroite dans mes questions au début, ne sais pas forcément quoi dire… Je me souviens d'Hector à qui je demande s'il sait qu'il est mort.

— Oui.

Je lui demande alors comment.

— En perdant la vie.

J'ai explosé de rire et ai appris à affiner mes questions ou à ne les interroger que s'ils en exprimaient le besoin. Plus aucune ampoule n'a jamais grillé, seul un petit air froid m'indique leur présence. Ça y est, j'avais basculé dans la folie !

Les messages sont ensuite devenus étranges. Je ne communiquais plus qu'avec des animaux dont je ne savais pas quoi faire. J'ai mis mon pendule de côté, le temps de trouver des réponses, avant d'être happée dans une nouvelle expérience.

Alors que sur les réseaux sociaux, je refuse toute demande de contact de la part d'inconnus, bien souvent en manque d'amour ou d'argent, mon doigt désobéit à mon cerveau et accepte l'invitation d'un homme. Je vais directement sur sa fiche afin de le virer de mes contacts avant qu'il ne me fasse la sérénade habituelle des désespérés ou des brouteurs, mais en voyant sa photo de profil, je suis submergée d'émotions et mon cœur tachycarde sans comprendre pourquoi. Au fil de nos échanges, nous réalisons que nous sommes nés au même endroit, que nous nous suivons depuis toujours sans jamais s'être croisés, nous écrivons les mêmes phrases au même moment et, lorsque j'écoute sa voix pour la première fois, je ne peux me retenir de pleurer, mes mains sont en feu et mon cœur fait n'importe quoi. Il est plus avancé que moi sur un plan spirituel. Il a fait deux EMI, est magnétiseur, a eu accès à ses vies antérieures et dit me chercher depuis des années. Il me parle de flammes jumelles, des âmes incarnées séparées dans deux corps qui ne cessent de rechercher leur moitié. Au début de ses recherches, il a publié sur les réseaux un portrait de celle qu'il a vue plusieurs fois dans ses rêves et avec qui il a partagé d'autres vies. Un an s'était écoulé avant qu'il ne tombe sur ma photo de profil qui ressemblait trait pour trait à son dessin.

À son contact, mon énergie devient plus puissante, mes rêves deviennent des messages, mes ressentis s'aiguisent. 800 km nous séparent, et pourtant, je sens quand il est triste, inquiet, contrarié, heureux… C'est incroyable. Mais nos ressentis d'humains sont différents, comme si seules nos âmes étaient amoureuses, pas nous. La distance rend les choses encore plus compliquées et il met fin à nos échanges avant même notre rencontre. Difficile d'utiliser le mot « rupture » pour définir la fin d'une histoire qui n'a pas commencé et qui n'est basée sur aucun sentiment « humain », juste sur les retrouvailles de deux âmes qui nous échappent complètement, mais c'est bien cette rupture qui va me faire découvrir ce que l'on appelle la nuit noire de l'âme. Pendant plusieurs mois, les catastrophes s'enchaînent : électroménager qui tombe en panne, voiture HS, problèmes d'argent, projets qui s'arrêtent contre ma volonté, etc., mais surtout, une tristesse profonde qui ne me quitte pas. Sur le plan intellectuel, rien ne justifie ce sentiment de chagrin qui me ronge. C'est mon âme qui est triste, me dit-on, il faut attendre que cela passe. Youpi ! Comme si la vie n'était pas déjà assez complexe comme ça ! Cette spirale infernale est injuste et me met en colère. Après tout ce chemin parcouru, pourquoi me faire vivre ça ?

— Parce que tu doutes toujours et que tu as besoin de preuves, me dit ma sœur.

J'imaginais des guides bienveillants et dans l'amour inconditionnel, pas des orientations à coups de pelle dans la tête et aucune place pour le libre arbitre ! Tout cela n'a plus de sens et je coupe avec ces conneries pour replonger dans la vraie vie. Mental : 1 – Spiritualité : 0 !

L'homme que je rencontre alors est complètement déconnecté de cet univers. Il est très cartésien, sa légèreté et son humour me font le plus grand bien en cette période un peu pénible où j'ai l'impression d'être Pierre Richard dans le film

La chèvre. Une vraie miss catastrophe ! J'ignore tous les messages d'alerte que je reçois à travers des chansons, des pubs, des textes ou d'amis médiums. Rien à faire, je caca-boude et j'ai la rancune tenace ! Je suis libre et je n'ai pas l'intention de me plier à je ne sais quoi, qui de surcroît n'est peut-être que le fruit de mon imagination débordante.

Il habite de l'autre côté de la France, et lorsqu'il vient pour la première fois passer un week-end à la maison, une accumulation d'évènements lui bloque le trajet :

– erreur du logiciel de réservation qui lui attribue une place d'avion inexistante et qui l'empêche d'embarquer ;

– problème technique sur le vol suivant qui est annulé ;

– incident sur la ligne de train habituelle, annulant tous les voyages jusqu'au lendemain ;

– trajets avec correspondances beaucoup plus longs et plus chers complets, l'obligeant à venir en voiture ;

– camion renversé sur la route le ramenant à l'entreprise où il travaille pour récupérer sa voiture, le bloquant dans son taxi presque deux heures ;

– clefs de son véhicule prises par erreur sur son bureau par un stagiaire qui pensait récupérer celles d'un véhicule de fonction ;

– carte bleue bloquée sans raison, le contraignant à repasser par chez lui pour en prendre une autre.

Pendant plus de 4 heures, de tels signes s'enchaînent et se multiplient. Je lui propose de repousser sa venue, mais rien ne semble vouloir l'arrêter, même une embardée sur l'autoroute qui aurait pu lui coûter cher…

De mon côté, je peste. J'ai bien compris que cet homme ne faisait pas partie du chemin qui m'est destiné, mais je revendique toujours mon libre arbitre. Ils ne vont quand même pas aller jusqu'à le tuer ! Si ? Non, après une multitude d'autres mésaventures, il finit par arriver sain et sauf chez moi, un peu perturbé et stressé par ce qu'il vient de vivre.

Le week-end suivant, c'est à mon tour de descendre dans le Sud. Mon voyage est lui aussi contrarié par des déconvenues qui se succèdent :

– un impératif professionnel m'oblige à décaler mon heure de départ ;

– un incident passager dans les transports en commun me fait rater mon train, me contraignant à attendre le suivant ;

– celui-ci, le dernier direct, est annulé. Je n'ai pas d'autre choix que de prendre le dernier train, beaucoup plus long, avec un changement à Lyon.

Après ces moult péripéties, alors que je crois que le pire est passé, le train s'arrête au milieu de nulle part. Un accident sur la ligne nous bloque plus d'une heure, mettant en danger ma correspondance. Lorsqu'il se remet enfin en route, on nous annonce qu'il va s'arrêter à toutes les gares pour prendre les passagers impactés dans leur trajet par cet incident, impliquant un retard de plus de deux heures. La bonne nouvelle, c'est que je vais avoir une indemnisation ; la mauvaise, c'est que je ne suis pas sûre d'avoir ma correspondance.

Quand j'arrive enfin en gare à Lyon, le contrôleur annonce que les voyageurs à destination d'Aix-en-Provence disposent de deux minutes pour rejoindre leur train. Deux minutes ! 120 secondes pour descendre un escalier archi bondé à cause des perturbations, traverser en courant avec une valise cette gare immense puisque le train est évidemment à l'opposé de l'endroit où je me trouve, et remonter sur le bon quai en grimpant l'escalator en panne. Je suis en sueur, complètement essoufflée, mais je réussis le challenge ! Je suis contente, ILS n'ont pas gagné !

Alors que je m'apprête à monter dans le premier wagon que je trouve, je tombe et perds connaissance. J'ignore complètement comment c'est arrivé, mais lorsque je rouvre les yeux, il y a un attroupement autour de moi avec le contrôleur en train d'appeler les pompiers. Je vois surtout que le train est toujours là, ma valise bloquant la fermeture des portes. Je me relève aussi vite que je suis tombée, sous l'œil inquiet et les recommandations de ne pas bouger des passagers et du personnel naviguant, mais je saute dans le wagon ! Je gagne un surclassement en 1re classe et m'installe toute tremblante dans un fauteuil moelleux tandis que le train démarre. Mon stress a du mal à redescendre et il me faut plusieurs exercices de respiration avant de retrouver mon calme. Lorsque l'adrénaline s'estompe enfin, je ressens de violentes douleurs à la cuisse et au dos. Je découvre avec stupeur un énorme hématome noir et violet sur toute la longueur de ma cuisse gauche. Adieu shorts et jupettes, bonjour la douleur ! Je trouve un comprimé dans mon sac pour la soulager un peu et tente de magnétiser la zone, mais rien ne se produit dans mes mains. Je suis trop agitée mentalement. Je passe le reste du voyage à essayer de me détendre le plus possible, mais la douleur au niveau du dos, que je mets sur le compte de contractures musculaires, est de plus en plus intense et insupportable.

Le week-end est à la hauteur du voyage… Dans sa maison, je ressens très fortement des énergies négatives qui m'oppressent, les flammes de son feu de cheminée dessinent des visages qui hurlent, je fais des cauchemars, je sens en permanence que l'on me touche. Des recherches sur Internet m'éclairent sur l'histoire de ce village médiéval en proie à de nombreuses guerres, massacres ou tortures. De plus, dans son environnement, cet homme montre une vraie nature beaucoup moins belle que prévu. Il est prisonnier du paraître, de l'argent et de gros traumatismes de son enfance. Je sais que l'on ne se reverra plus et me questionne sur ces signes que j'ai reçus. Était-ce vraiment pour empêcher mon libre arbitre ou était ce tout simplement pour m'éviter tout cela ? Si c'est le cas, le fond est acceptable, mais pas la forme. J'en serais arrivée à la même conclusion sans toutes ces épreuves. Enfin, je crois.

De retour chez moi, la douleur au dos continue d'augmenter jusqu'à me couper le souffle et m'immobiliser partiellement. Aux urgences, on m'annonce un déplacement, un tassement et une fracture de vertèbre nécessitant une intervention chirurgicale au plus vite. Mon hématome sur la cuisse impressionne par sa taille et fait l'objet de photos car « on en a rarement vu d'aussi balaises » ! Les jours suivant l'intervention, sous l'effet de la morphine, mon mental se tait enfin et je peux voir des âmes de défunts venir à moi. Ils sont morts ici, dans cet hôpital, tantôt âgé d'une embolie pulmonaire, tantôt jeune des suites d'un accident de moto, tantôt enfant d'une leucémie… Ils sont nombreux, perdus, à attendre un parent, une épouse, un enfant. Entre deux shoots de calmant, je les accompagne vers la lumière, lorsqu'ils le veulent bien. Dès que les médicaments s'arrêtent, mon mental reprend le dessus. Je ne sais pas si ce que j'ai vécu à l'hôpital est réel. J'ai aussi imaginé que je volais sur le dos d'une baleine violette avec qui je parvenais à communiquer, alors j'ai probablement rêvé tout le reste !

Depuis, j'ai une double vie, moi aussi entre deux mondes. Mon expérience terrestre que je savoure au présent, dans un lâcher-prise absolu, et ces expériences un peu mystiques qui se multiplient en fonction des lieux, des rencontres, des énergies et surtout de mon mental !

Lors d'une séance d'hypnose régressive quantique, j'ai pu accéder à des vies antérieures. Je me suis vue heureuse avec ma flamme jumelle alors que nous étions des sortes de druides, sur un bûcher pour sorcellerie sous le regard triste de ma sœur qui était alors ma fille, scribe égyptien où ma belle épouse – sous les traits de mon meilleur ami – me trahit, ce qu'il reproduira d'ailleurs dans cette vie.

Lors d'une balade dans la forêt de Brocéliande, des flashs d'une ancienne vie sont apparus nombreux, avec une vraie connexion aux énergies de la nature.

Le scénario d'un de mes romans s'est réalisé quelques mois après sa parution.

Un rêve me montre un lieu chargé d'histoire, avec un secret à défendre. Deux ans après, par pur « hasard », je m'y installe. J'y sens de nombreuses présences, dont un gardien des lieux, et je sais que j'ai déjà vécu ici. Je ne sais pas encore pourquoi je suis arrivée là…

Demain ? Je ne sais pas, peu importe, ce sera incroyable quoi qu'il arrive. J'ignore si mon mental a raison, si mon imagination me joue des tours, si j'ai simplement les fils qui se touchent ou si j'ai la chance de toucher du bout des doigts un monde beaucoup plus grand que mon esprit ne peut concevoir. Je sais juste que je ne sais pas, mais que tout est possible. La vie est un long fleuve pas forcément tranquille, mais reste une aventure merveilleuse où chacun fait juste comme il peut.

Je garde de toutes ces expériences beaucoup d'humilité et une forme de sagesse bienveillante pour ceux pris dans ses rapides ou échoués sur ses rives. Nous sommes tous connectés les uns aux autres, responsables de nos paroles et de nos actes. Nous avons tous le devoir de rendre ce voyage merveilleux et ce monde meilleur, soit parce que nous n'en avons qu'un, comme dirait mon mental, soit parce que c'est pour cela que nous sommes ici…

Je m'y applique chaque jour, à ma façon, à mon échelle, et me protège des jeux d'égos qui polluent notre belle planète, au sens propre comme au figuré.

Je souhaite à chacun cet éveil, cette prise de conscience, pour se libérer des dogmes libéraux qui nous font passer à côté de nos vies et nous déconnectent de nos âmes. Vivre chaque jour comme si c'était le dernier, pour s'émerveiller de tout, faire bon usage de son énergie vitale, et partir sans regrets, qu'importe ce qu'il y a ensuite.

Vous êtes-vous déjà demandé quelle dernière journée vous aimeriez passer ici-bas ? Est-ce qu'elle ressemble à une course dans le métro bondé pour un travail qui n'a pas de sens ? À des privations pour honorer un crédit voiture ou immobilier ? À une dispute avec vos enfants parce que vous êtes épuisé ? À critiquer un voisin ou un collègue ? À acheter des fringues fabriquées par des miséreux à l'autre bout de la Terre ? À consommer de la bouffe merdique qui ne respecte ni la nature ni la condition animale ?

Posez-vous chaque jour la question, jusqu'à ce que vous ressentiez une profonde gratitude pour la journée que vous viendrez de passer, parce que ce que vous aurez fait est juste, sensé, aligné avec votre âme. Ne courrez plus après des chimères, délivrez-vous de vos peurs et de vos croyances. Savourez en conscience chaque minute, avec bienveillance pour vous-même et votre prochain. Saupoudrez votre vie de beau, de bon, de sens.

N'ayez pas peur, vous êtes guidé ! Les signes sont partout pour qui apprend à les voir… C'est mon mental qui vous le dit !

Lili Saxes

Découvrez le collectif

Cadavres écrits

Dix auteurs

Dix nouvelles assassines

L'Édredon

La revue littéraire de JDH Éditions

Venez découvrir les textes de la revue

**Textes et articles dans un rubriquage varié
(chroniques, billets d'humeur, cinéma, poésie…)**

Suivez **JDH Éditions** sur les réseaux sociaux
pour en savoir plus sur les auteurs,
les nouveautés, les projets…

Inscrivez-vous à notre Newsletter sur
www.jdheditions.fr
Pour recevoir l'actualité de nos nouvelles
parutions